Inhaltsverzeichnis

Einleitung

4 Willkommen

6 Warum Schweden mit Kindern bereisen?

9 Planung und Vorbereitung der Familienreise

Allgemeine Reisetipps für Familien

13 Anreise und Fortbewegung in Schweden

17 Unterkünfte für Familien

35 Packliste für den Schwedenurlaub

Regionen und Sehenswürdigkeiten

37 Stockholm und Umgebung

46 Götaland

56 Svealand

62 Norrland

Naturerlebnisse für Kinder

72 Wandern mit Kindern: Die schönsten Familienwanderungen

76 Camping und Outdoor-Aktivitäten

79 Tierbeobachtungen und Safaris

Freizeitparks und Erlebniswelten

82 Die beliebtesten Freizeitparks für Familien

85 Abenteuer- und Kletterparks

Kulinarische Erlebnisse für die ganze Familie

88 Schwedische Küche für Kinder

91 Familiäre Restaurants und kinderfreundliche Cafés

Kultur und Geschichte für junge Entdecker

95 Spannende Museen und historische Stätten

101 Wikingerabenteuer und Ritterspiele

104 Traditionen und Feste: Mittsommer und Lucia

Aktivurlaub mit Kindern

107 Fahrradfahren in Schweden

111 Kanu- und Kajakfahren auf Schwedens Seen und Flüssen

114 Reiten und Pferdehöfe

Praktische Tipps für den Familienalltag unterwegs

117 Gesundheit und Sicherheit auf Reisen

121 Kommunikation und sprachliche Herausforderungen

124 Kostenmanagement und Budgettipps

Reisetagebuch für 14 Tage

129 Reisetagebuch zum Festhalten von Erinnerungen

Anhang

153 Über die Autorin

155 Impressum

Willkommen

Wir freuen uns, euch auf dieser spannenden Entdeckungsreise durch eines der schönsten Länder Europas zu begleiten. Schweden, mit seiner atemberaubenden Natur, seinen charmanten Städten und seiner reichen Kultur, bietet unzählige Abenteuer und Erlebnisse, die perfekt auf die Bedürfnisse von Familien zugeschnitten sind. Egal, ob ihr auf der Suche nach idyllischen Wanderwegen, kinderfreundlichen Museen, aufregenden Freizeitparks oder faszinierenden Naturerlebnissen seid – Schweden hält für jede Familie unvergessliche Momente bereit.

Dieses Buch soll euch inspirieren, informieren und dabei unterstützen, eure Reise so zu planen, dass sowohl Eltern als auch Kinder auf ihre Kosten kommen. Wir haben versucht, die schönsten Orte und besten Aktivitäten für Familien zusammenzutragen und nützliche Tipps für eine entspannte und gelungene Reise zu geben. Von der lebendigen Hauptstadt Stockholm über die unberührten Wälder Lapplands bis hin zu den malerischen Schäreninseln im Süden des Landes – Schweden ist ein Land voller Vielfalt, das darauf wartet, von euch entdeckt zu werden.

Unsere eigenen Erlebnisse als Familie in Schweden haben uns gezeigt, wie wertvoll gemeinsame Reiseerfahrungen sind, und wir hoffen, dass dieses Buch euch dabei hilft, ebenso schöne Erinnerungen zu sammeln. Wir wünschen euch viel Spaß beim Lesen, Planen und vor allem beim Entdecken dieses wunderbaren Landes mit euren Kindern. Lasst euch von der Magie Schwedens verzaubern und genießt eine Reise, die ihr als Familie niemals vergessen werdet.

Warum Schweden mit Kindern bereisen?

Schweden ist ein Land, das Familien eine Fülle von Möglichkeiten bietet, die das Reisen mit Kindern zu einem unvergesslichen Erlebnis machen. Ihr fragt euch vielleicht, warum Schweden das ideale Reiseziel für Familien ist. Die Antwort liegt in der einzigartigen Kombination aus Natur, Kultur und einer kinderfreundlichen Gesellschaft, die es euch ermöglicht, entspannte und abenteuerliche Tage gleichermaßen zu erleben.

Schon bei der Ankunft werdet ihr spüren, wie entspannt und sicher Schweden ist. Die Menschen sind freundlich, offen und hilfsbereit, und Kinder sind hier überall willkommen. Ganz gleich, ob ihr in einem kleinen Dorf oder in einer der größeren Städte wie Stockholm oder Göteborg unterwegs seid – überall wird Rücksicht auf die Bedürfnisse der Kleinen genommen. Viele öffentliche Einrichtungen, Restaurants und Hotels sind auf Familien mit Kindern eingestellt. Es gibt Wickelräume, Hochstühle, und oft werden spezielle Kindermenüs angeboten. Diese Rücksichtnahme trägt dazu bei, dass ihr euch als Familie jederzeit gut aufgehoben fühlt.

Ein weiterer großer Vorteil Schwedens ist die beeindruckende Natur, die ihr überall entdecken könnt. Das Land ist geprägt von weiten Wäldern, glasklaren Seen und endlosen Küstenlandschaften, die sich perfekt für Outdoor-Aktivitäten mit Kindern eignen. Ob Wandern, Radfahren, Kanufahren oder einfach ein Picknick im Grünen – die Natur ist hier allgegenwärtig und lädt dazu ein, entdeckt zu werden. Besonders faszinierend ist, dass die Natur in Schweden für alle zugänglich ist. Dank des Jedermannsrechts dürft ihr fast überall in der Natur campen, wandern und euch aufhalten, was besonders für Familien mit einem Sinn für Abenteuer ein großes Plus ist.

Die unberührten Landschaften und die Möglichkeit, Tiere wie Elche, Rentiere oder Seeadler in freier Wildbahn zu beobachten, machen jeden Ausflug zu einem kleinen Abenteuer.

Neben der Natur bietet Schweden auch kulturell viel Abwechslung für Kinder. In Städten wie Stockholm gibt es zahlreiche Museen, die speziell für junge Besucher konzipiert sind. Das Junibacken in Stockholm beispielsweise entführt euch in die Welt der Astrid Lindgren, während das Vasa-Museum die Geschichte des beeindruckenden Kriegsschiffs Vasa lebendig werden lässt. In Göteborg können eure Kinder das Universeum entdecken, ein interaktives Wissenschaftszentrum, das spielerisch Wissen vermittelt. Diese Art von Kulturangeboten, die oft interaktiv und ansprechend gestaltet sind, fördern die Neugier und Kreativität der Kinder und machen das Lernen zu einem spielerischen Vergnügen.

Ein weiterer Aspekt, der Schweden zu einem perfekten Reiseziel für Familien macht, ist das ausgeprägte Sicherheitsgefühl und die hohe Lebensqualität. Schweden ist eines der sichersten Länder der Welt, was euch als Eltern beruhigt und ermöglicht, den Urlaub unbeschwert zu genießen. Die gut ausgebauten Infrastrukturen, das zuverlässige Gesundheitssystem und die Sauberkeit in Städten und Naturgebieten tragen ebenfalls dazu bei, dass ihr euch hier rundum wohlfühlt.

Schweden ist auch bekannt für seine familienfreundliche Kultur, die sich in vielen kleinen Details zeigt. Das Land hat eine lange Tradition von Kinderrechten und Familienförderung. Das zeigt sich nicht nur in der Politik, sondern auch im Alltag. Die Schweden selbst legen großen Wert auf eine ausgewogene Work-Life-Balance, und Familienzeit hat einen hohen Stellenwert. Diese Haltung spiegelt sich auch in der Tourismusbranche wider: Ob in Ferienhäusern, Hotels oder auf Campingplätzen – überall wird darauf geachtet, dass Kinder sich wohlfühlen und willkommen sind.

Ein weiterer Pluspunkt ist die einfache Anreise und die vielfältigen Möglichkeiten, sich im Land fortzubewegen.

Von Deutschland aus ist Schweden schnell und bequem mit dem Auto, Zug oder Flugzeug zu erreichen. Einmal im Land, könnt ihr zwischen Mietwagen, gut ausgebauten öffentlichen Verkehrsmitteln und Fähren wählen, um von einem Ort zum anderen zu gelangen. Diese Flexibilität ermöglicht es euch, eure Reise ganz nach den Bedürfnissen und Interessen eurer Familie zu gestalten.

Nicht zu vergessen ist die schwedische Küche, die auch für Kinder einiges zu bieten hat. Viele traditionelle Gerichte wie Köttbullar, Pannkakor oder Zimtschnecken schmecken auch den Kleinen und sorgen für kulinarische Abwechslung. Die schwedische Esskultur ist unkompliziert und legt Wert auf lokale, frische Zutaten. In vielen Restaurants findet ihr spezielle Kindermenüs, und auch Selbstversorger kommen auf den zahlreichen Wochenmärkten und in den gut sortierten Supermärkten voll auf ihre Kosten.

Planung und Vorbereitung der Familienreise

Die Planung und Vorbereitung einer Familienreise nach Schweden ist der erste Schritt zu einem gelungenen und unvergesslichen Urlaub. Damit eure Reise zu einem echten Abenteuer für Groß und Klein wird, gibt es einige wichtige Aspekte zu beachten, die euch helfen, Stress zu vermeiden und die Reise entspannt zu genießen. Von der Auswahl der besten Reisezeit über die ideale Reiseroute bis hin zur richtigen Ausstattung – eine gute Vorbereitung ist der Schlüssel zu einem gelungenen Familienurlaub.

Zunächst solltet ihr euch Gedanken über den besten Zeitpunkt für eure Reise machen. Schweden ist zu jeder Jahreszeit eine Reise wert, doch je nach euren Vorlieben und den Interessen eurer Kinder gibt es unterschiedliche Höhepunkte, die ihr berücksichtigen solltet. Im Sommer, von Juni bis August, ist das Wetter am angenehmsten, und die Tage sind lang. Dies ist die beste Zeit, um die schwedische Natur in vollen Zügen zu genießen – sei es beim Wandern, Baden in einem der zahlreichen Seen oder beim Erkunden der Schäreninseln. Wenn eure Kinder es lieben, draußen zu spielen und Abenteuer in der Natur zu erleben, ist der Sommer ideal. Allerdings solltet ihr beachten, dass diese Zeit auch die Hauptreisezeit ist, sodass beliebte Urlaubsregionen gut besucht sein können.

Der Frühling und der Herbst bieten ebenfalls wunderbare Möglichkeiten für eine Reise nach Schweden, insbesondere wenn ihr die Farben der Natur in ihrer vollen Pracht erleben möchtet. Im Frühling erwacht die Natur zu neuem Leben, und die Landschaft erstrahlt in frischem Grün, während der Herbst mit seinen warmen Farben und der klaren Luft eine ganz besondere Atmosphäre schafft. Diese Jahreszeiten sind zudem weniger touristisch geprägt, was bedeutet, dass ihr viele Orte fast für euch allein habt.

Der Winter in Schweden hat seinen ganz eigenen Reiz, besonders wenn ihr den Zauber des hohen Nordens erleben möchtet. Mit Kindern kann eine Winterreise nach Schweden ein echtes Highlight sein: Hundeschlittenfahrten, Schneeschuhwanderungen und natürlich das berühmte Nordlicht bieten unvergessliche Erlebnisse. Denkt jedoch daran, dass die Tage im Winter sehr kurz sind, besonders im Norden des Landes. Dafür gibt es viele Möglichkeiten, den Tag in warmen und gemütlichen Unterkünften ausklingen zu lassen, wo ihr nach einem Tag in der Kälte entspannen könnt.

Nachdem ihr den passenden Zeitpunkt für eure Reise gewählt habt, geht es an die Planung der Reiseroute. Schweden ist ein großes Land, und die Entfernungen zwischen den einzelnen Regionen können beträchtlich sein. Daher ist es sinnvoll, sich vorab zu überlegen, welche Regionen ihr besuchen möchtet und wie ihr euch fortbewegen wollt. Wenn ihr mit kleinen Kindern reist, kann es angenehm sein, sich auf eine Region zu konzentrieren und diese intensiv zu erkunden, anstatt zu viele Ortswechsel einzuplanen. Beispielsweise könnt ihr eure Zeit in Südschweden verbringen, wo ihr sowohl die Küste als auch die Wälder und Seen genießen könnt, ohne lange Strecken zurücklegen zu müssen. Oder ihr entscheidet euch für eine Reise durch Mittelschweden, wo euch kulturelle Highlights und Naturerlebnisse gleichermaßen erwarten.

Für diejenigen, die mehr von Schweden sehen möchten, kann eine Rundreise eine spannende Option sein. Dabei könnt ihr entweder mit dem Auto oder einem Wohnmobil unterwegs sein, was euch maximale Flexibilität bietet. Bedenkt jedoch, dass längere Autofahrten für Kinder anstrengend sein können, daher solltet ihr genügend Pausen einplanen und darauf achten, dass eure Reiseroute abwechslungsreich gestaltet ist. Alternativ könnt ihr auch die gut ausgebauten öffentlichen Verkehrsmittel nutzen, insbesondere wenn ihr größere Städte wie Stockholm, Göteborg oder Malmö besuchen möchtet. Die schwedischen Züge sind komfortabel, und es gibt spezielle Familienabteile, die das Reisen mit Kindern angenehm machen.

Ein weiterer wichtiger Punkt in der Reiseplanung ist die Auswahl der Unterkünfte. Schweden bietet eine Vielzahl an familienfreundlichen Unterkünften, von gemütlichen Ferienhäusern über moderne Hotels bis hin zu Campingplätzen. Ferienhäuser, oft liebevoll „Stuga“ genannt, sind eine besonders beliebte Wahl bei Familien, da sie euch die Möglichkeit bieten, unabhängig zu sein und euren eigenen Rhythmus zu finden. Viele dieser Häuser liegen in der Nähe von Seen oder Wäldern, sodass ihr direkt von der Haustür aus in die Natur starten könnt. Auch Camping ist in Schweden eine hervorragende Option, besonders wenn eure Kinder es lieben, draußen zu sein. Die schwedischen Campingplätze sind oft hervorragend ausgestattet und bieten neben Stellplätzen auch Hütten, sodass ihr selbst entscheiden könnt, ob ihr im Zelt oder in festeren Unterkünften übernachten möchtet.

Wenn ihr euch für Hotels entscheidet, werdet ihr feststellen, dass viele von ihnen speziell auf die Bedürfnisse von Familien ausgerichtet sind. Es gibt oft Spielbereiche für Kinder, spezielle Menüs und Familienzimmer, die genügend Platz bieten. Besonders in den größeren Städten gibt es eine Vielzahl an Unterkünften, die sowohl zentral gelegen als auch familienfreundlich sind.

Ein weiterer Aspekt, den ihr bei der Planung eurer Reise berücksichtigen solltet, ist die Verpflegung. In Schweden gibt es zahlreiche Restaurants und Cafés, die kinderfreundlich sind und spezielle Menüs für die Kleinen anbieten. Besonders praktisch ist es jedoch, wenn ihr in einem Ferienhaus oder auf einem Campingplatz wohnt, da ihr dann die Möglichkeit habt, selbst zu kochen. Die schwedischen Supermärkte sind gut sortiert, und ihr findet dort alles, was ihr für eine leckere und gesunde Mahlzeit benötigt. Besonders wenn eure Kinder wählerisch sind, kann es von Vorteil sein, selbst zu kochen und auf ihre Vorlieben einzugehen.

Ein weiterer Tipp für die Reisevorbereitung ist das Packen. In Schweden kann das Wetter schnell wechseln, daher ist es ratsam, für jede Jahreszeit und Witterung gewappnet zu sein. Im Sommer solltet ihr neben leichten Kleidungsstücken auch eine warme Jacke und Regenkleidung einpacken, während im Winter warme und wasserdichte Kleidung unerlässlich ist.

Vergesst nicht, an Sonnencreme und Mückenschutz zu denken, besonders wenn ihr in den Sommermonaten in der Natur unterwegs seid.

Auch die Unterhaltung für die Kinder während der Reise ist ein wichtiger Punkt. Lange Fahrten oder Wartezeiten können für Kinder schnell langweilig werden, daher ist es hilfreich, einige Spiele, Bücher oder andere Beschäftigungen im Gepäck zu haben. Viele schwedische Rastplätze und Fährterminals sind jedoch sehr familienfreundlich gestaltet und bieten Spielplätze und andere Unterhaltungsmöglichkeiten, die euch die Reise angenehmer gestalten.

Schließlich solltet ihr auch an die Gesundheitsvorsorge denken. Schweden verfügt über ein sehr gutes Gesundheitssystem, und es gibt Apotheken in den meisten Städten und größeren Ortschaften. Dennoch ist es sinnvoll, eine kleine Reiseapotheke dabei zu haben, insbesondere wenn eure Kinder spezielle Medikamente benötigen. Eine Auslandskrankenversicherung kann ebenfalls sinnvoll sein, um im Notfall abgesichert zu sein.

Anreise und Fortbewegung in Schweden

Die Anreise und Fortbewegung in Schweden ist ein wichtiger Teil eurer Reiseplanung und trägt maßgeblich dazu bei, dass euer Familienurlaub reibungslos und stressfrei verläuft. Schweden ist ein großes Land mit einer hervorragenden Infrastruktur, die es euch leicht macht, von einem Ort zum anderen zu gelangen. Ob ihr mit dem Auto, dem Zug, dem Flugzeug oder der Fähre anreist – Schweden bietet euch zahlreiche Möglichkeiten, euer Ziel bequem zu erreichen und das Land zu erkunden.

Wenn ihr euch für eine Anreise mit dem Auto entscheidet, habt ihr den Vorteil, dass ihr während der gesamten Reise flexibel bleibt und problemlos abgelegene Regionen oder kleinere Dörfer erreichen könnt. Viele Familien entscheiden sich dafür, mit dem eigenen Auto nach Schweden zu fahren, insbesondere wenn sie aus Deutschland oder einem der Nachbarländer anreisen. Über die Autobahnen und gut ausgebauten Straßen in Dänemark erreicht ihr Schweden bequem über die beeindruckende Öresundbrücke, die Kopenhagen mit Malmö verbindet. Alternativ könnt ihr auch eine der zahlreichen Fähren nehmen, die von Deutschland aus nach Schweden fahren. Die Fähren bieten eine entspannte Möglichkeit, die Reise zu beginnen, da ihr während der Überfahrt die Zeit genießen und euch erholen könnt. Besonders für Kinder kann eine Fährfahrt ein aufregendes Erlebnis sein, da viele Schiffe über Spielbereiche, Restaurants und Unterhaltungsmöglichkeiten verfügen.

Wenn ihr lieber fliegen möchtet, ist Schweden von vielen europäischen Städten aus leicht erreichbar. Die internationalen Flughäfen in Stockholm, Göteborg und Malmö werden regelmäßig von zahlreichen Fluggesellschaften angeflogen.

Besonders praktisch für Familien ist, dass viele dieser Flughäfen gut an das öffentliche Verkehrsnetz angebunden sind, sodass ihr schnell und einfach ins Stadtzentrum oder zu eurem nächsten Ziel gelangt. Ein weiterer Vorteil des Fliegens ist, dass ihr in kurzer Zeit große Entfernungen überwinden könnt, was besonders dann sinnvoll ist, wenn ihr plant, in den Norden des Landes zu reisen. Stockholm als zentraler Dreh- und Angelpunkt bietet zudem zahlreiche Inlandsflüge zu anderen schwedischen Städten und Regionen, sodass ihr bequem von einem Teil des Landes in den anderen gelangt.

Einmal in Schweden angekommen, stehen euch verschiedene Fortbewegungsmöglichkeiten zur Verfügung, die es euch ermöglichen, das Land stressfrei zu erkunden. Wenn ihr weiterhin mit dem Auto unterwegs seid, werdet ihr die gut ausgebauten Straßen und die entspannte Fahrweise der Schweden zu schätzen wissen. Das Straßennetz ist hervorragend, und selbst in abgelegenen Regionen sind die Straßen in der Regel gut befahrbar. Für Familien mit kleinen Kindern ist das Auto oft die bequemste Art der Fortbewegung, da ihr jederzeit Pausen einlegen könnt und flexibel seid, was die Tagesplanung angeht. Zudem könnt ihr problemlos das Gepäck und die gesamte Ausrüstung für euren Urlaub mitnehmen, ohne euch Gedanken über Platzmangel machen zu müssen.

Eine weitere beliebte Option für die Fortbewegung in Schweden ist der Zug. Das schwedische Bahnnetz ist sehr gut ausgebaut und verbindet alle größeren Städte sowie viele kleinere Ortschaften miteinander. Die Züge sind modern und komfortabel, und es gibt spezielle Familienabteile, die euch eine entspannte und angenehme Reise ermöglichen. Besonders praktisch ist das Reisen mit dem Zug, wenn ihr euch in den Städten bewegt oder längere Strecken zurücklegen möchtet, ohne selbst fahren zu müssen. Die Bahnhöfe sind in der Regel zentral gelegen, sodass ihr direkt im Herzen der Stadt ankommt und eure Erkundungstouren sofort beginnen könnt. Zudem sind die Züge in Schweden sehr pünktlich und zuverlässig, was euch die Planung erleichtert.

Für längere Strecken oder Reisen in den Norden des Landes könnt ihr auch die Inlandsflüge nutzen. Diese sind eine schnelle und bequeme Möglichkeit, große Entfernungen in kurzer Zeit zu überwinden. Besonders, wenn ihr nur eine begrenzte Zeit in Schweden verbringt, kann es sinnvoll sein, den ein oder anderen Inlandsflug in eure Reiseplanung einzubeziehen, um mehr von dem Land sehen zu können. Die Flugverbindungen sind gut aufeinander abgestimmt, und auch die kleineren Flughäfen sind gut an das öffentliche Verkehrsnetz angebunden, sodass ihr von dort aus problemlos weiterreisen könnt.

Eine weitere charmante und oft unterschätzte Möglichkeit, sich in Schweden fortzubewegen, ist das Reisen mit dem Schiff oder der Fähre. Aufgrund der geographischen Lage Schwedens mit seiner langen Küstenlinie und den unzähligen Inseln spielt der Wasserweg eine wichtige Rolle im Verkehrssystem des Landes. Besonders in den Schärengärten rund um Stockholm und Göteborg bieten sich zahlreiche Möglichkeiten, per Boot oder Fähre von einer Insel zur nächsten zu gelangen. Dies ist nicht nur eine praktische Fortbewegungsmöglichkeit, sondern auch eine wunderschöne Art, die beeindruckende Natur Schwedens vom Wasser aus zu erleben. Viele Fährverbindungen sind in das öffentliche Verkehrsnetz integriert, sodass ihr sie genauso selbstverständlich nutzen könnt wie Busse oder Bahnen. Für Kinder ist eine Bootsfahrt oft ein großes Abenteuer, das den Urlaub zu einem besonderen Erlebnis macht.

Wenn ihr euch innerhalb der Städte fortbewegen möchtet, stehen euch gut ausgebaute öffentliche Verkehrsmittel zur Verfügung. In Stockholm beispielsweise könnt ihr das umfangreiche Netz aus U-Bahnen, Bussen und Straßenbahnen nutzen, um schnell und bequem von einem Stadtteil zum anderen zu gelangen. Die öffentlichen Verkehrsmittel sind sehr familienfreundlich, und es gibt oft ermäßigte Fahrkarten für Kinder und Familien. In vielen Städten könnt ihr auch Fahrräder ausleihen, was eine wunderbare Möglichkeit ist, die Stadt aktiv und umweltfreundlich zu erkunden. Schweden ist ein fahrradfreundliches Land, und die Radwege sind gut ausgebaut und sicher.

SWEDISH SUMMER
WAFFLE
WITH
ICE CREAM
WHIPPED CREAM
&
FRESH STRAWBERRIES

Unterkünfte für Familien

Schweden bietet eine breite Palette an familienfreundlichen Unterkünften, die sowohl Komfort als auch Flexibilität bieten. Ob ihr euch für ein gemütliches Ferienhaus, ein familienfreundliches Hotel, einen Campingplatz oder eine Jugendherberge entscheidet – Schweden hat für jede Familie und jedes Budget die passende Unterkunft.

Ferienhäuser in Schweden

Eine der beliebtesten Unterkünfte für Familien in Schweden ist das Ferienhaus, auch „Stuga" genannt. Diese oft malerisch gelegenen Häuser bieten euch die Möglichkeit, inmitten der Natur zu wohnen und den Alltag hinter euch zu lassen. Ferienhäuser sind ideal für Familien, die gerne unabhängig und flexibel sind. Sie bieten in der Regel viel Platz, sodass jeder seinen eigenen Rückzugsort hat, und sind meist mit allem ausgestattet, was ihr für euren Aufenthalt benötigt – von einer voll ausgestatteten Küche bis hin zu gemütlichen Schlafzimmern. Viele Stugas liegen in der Nähe von Seen oder Wäldern, was euch die Möglichkeit gibt, direkt vor der Haustür die Natur zu genießen, sei es beim Schwimmen, Wandern oder einfach beim Entspannen auf der Terrasse. Besonders für Kinder ist es ein Abenteuer, so nah an der Natur zu sein, wo sie spielen und die Umgebung erkunden können.

Ein großer Vorteil eines Ferienhauses ist auch, dass ihr eure Mahlzeiten selbst zubereiten könnt. Gerade wenn eure Kinder spezielle Vorlieben oder Unverträglichkeiten haben, ist es praktisch, selbst zu kochen und das Essen nach den Wünschen der Familie zu gestalten. Zudem könnt ihr euren Tagesablauf frei einteilen und müsst euch nicht nach festen Essenszeiten richten, wie es in Hotels oft der Fall ist. Dies gibt euch die Flexibilität, den Tag ganz nach euren Wünschen zu gestalten.

Novasol ist einer der größten Anbieter von Ferienhäusern in Europa und bietet eine große Auswahl an familienfreundlichen Unterkünften in Schweden. Ihr könnt zwischen Häusern an Seen, in Wäldern oder in der Nähe von Sehenswürdigkeiten wählen.

www.novasol.de

Stugknuten ist eine schwedische Plattform, die Ferienhäuser von privaten Vermietern anbietet. Ihr findet eine Vielzahl an Stugas in ganz Schweden, die besonders für Familien geeignet sind, mit oft sehr authentischen und charmanten Unterkünften.

www.stugknuten.com

Ein internationaler Anbieter von Ferienhäusern mit einer guten Auswahl an familienfreundlichen Unterkünften in Schweden ist **Interhome**. Interhome bietet Ferienhäuser in verschiedenen Regionen, darunter auch luxuriösere Optionen mit Pool oder Sauna.

www.interhome.de

DanCenter ist ein weiterer großer Ferienhausanbieter mit vielen familienfreundlichen Häusern in Schweden. Sie haben eine Vielzahl von Unterkünften, von rustikalen Hütten bis zu modernen Ferienhäusern.

www.dancenter.de

Obwohl es keine reine Ferienhaus-Plattform ist, bietet **Airbnb** eine breite Auswahl an familienfreundlichen Ferienhäusern und Wohnungen in Schweden, oft mit einzigartigen und individuellen Optionen, die von den Gastgebern persönlich betreut werden.

www.airbnb.de

Die Plattform **Sverigestugor.eu** spezialisiert sich auf die Vermittlung von Ferienhäusern in Schweden und bietet eine große Auswahl an familienfreundlichen Unterkünften, oft in landschaftlich reizvollen Gegenden.

www.sverigestugor.eu

Die Plattform **Ferienhaus Schweden** hat sich auf Ferienhäuser in Schweden spezialisiert und bietet eine gute Auswahl an familienfreundlichen Unterkünften. Die meisten Häuser sind in der Natur gelegen, ideal für Outdoor-Aktivitäten.

www.ferienhaus-schweden.com

Feline Holidays bietet eine umfangreiche Auswahl an Ferienhäusern in Schweden, die besonders für Familien geeignet sind. Die Plattform legt Wert auf komfortable und gut ausgestattete Unterkünfte.

www.feline-holidays.de

Auf der offiziellen Tourismus-Website von Schweden (**Visit Sweden**) findet ihr eine Auswahl an empfohlenen Ferienhäusern, die familienfreundlich sind und oft in besonders attraktiven Regionen liegen.

www.visitsweden.de/unterkunfte/ferienhauser

Familienfreundliche Hotels

Wenn ihr es bevorzugt, euch im Urlaub verwöhnen zu lassen und nicht selbst kochen zu müssen, sind familienfreundliche Hotels eine hervorragende Wahl. Schweden bietet eine Vielzahl an Hotels, die speziell auf die Bedürfnisse von Familien ausgerichtet sind. Diese Hotels verfügen oft über geräumige Familienzimmer oder Suiten, in denen alle Familienmitglieder bequem Platz finden. Viele dieser Hotels bieten besondere Annehmlichkeiten wie Kinderbetreuung, Spielbereiche oder sogar spezielle Familienangebote, die euren Aufenthalt noch angenehmer machen.

Ein weiterer Vorteil von Hotels ist der Service, der euch zur Verfügung steht. Ihr könnt den Tag mit einem reichhaltigen Frühstück beginnen, das oft im Übernachtungspreis inbegriffen ist, und euch abends in einem der Hotelrestaurants kulinarisch verwöhnen lassen. Für Familien, die einen entspannten und sorgenfreien Urlaub verbringen möchten, ist dies eine ideale Lösung. Zudem liegen viele familienfreundliche Hotels in zentralen Lagen, sodass ihr Sehenswürdigkeiten und Aktivitäten leicht erreichen könnt, ohne lange Wege in Kauf nehmen zu müssen.

Scandic Hotels

Scandic ist eine Hotelkette, die besonders familienfreundlich ist und in vielen Städten Schwedens vertreten ist. Sie bieten Familienzimmer, spezielle Kinderangebote und Spielbereiche.

www.scandichotels.com

Astrid Lindgren's World Hotel (Vimmerby)

Dieses Hotel liegt in der Nähe des beliebten Freizeitparks „Astrid Lindgren's World“ und bietet familienfreundliche Zimmer sowie spezielle Angebote für Kinder.

www.alv.se/en/stay-overnight

Falkenberg Strandbad (Falkenberg)

Ein luxuriöses, familienfreundliches Strandhotel an der Westküste Schwedens, das sich durch hervorragenden Service und zahlreiche Aktivitäten für Kinder auszeichnet.

www.strandbadfalkenberg.se

Copperhill Mountain Lodge (Åre)

Ein exklusives Hotel in den Bergen von Åre, das besonders bei Familien beliebt ist. Es bietet Kinderclubs, spezielle Familienzimmer und viele Aktivitäten im Freien.

www.copperhill.se

Långholmen Hotel (Stockholm)

Ein einzigartiges Hotel in einem ehemaligen Gefängnis, das familienfreundliche Zimmer bietet und eine interessante, historische Atmosphäre schafft.

www.langholmen.com

Skepparholmen Nacka (Stockholm)

Ein Wellness-Hotel in der Nähe von Stockholm, das sich ideal für Familien eignet. Es bietet sowohl Entspannung als auch Aktivitäten für die ganze Familie.

www.skepparholmen.se

Ystad Saltsjöbad (Ystad)
Ein klassisches Strandhotel in Südschweden, das mit Familienzimmern und einem Kinderprogramm punktet. Perfekt für Familien, die die Küste Schwedens entdecken möchten.

www.ysb.sc

Kolmården Hotel (Kolmården)
Direkt neben dem größten Zoo Skandinaviens gelegen, bietet dieses Hotel familienfreundliche Annehmlichkeiten und Pakete, die den Zoobesuch beinhalten.

www.kolmarden.com/hotel

Stenungsbaden Yacht Club (Stenungsund)
Ein Resort an der Westküste, das sowohl für Erwachsene als auch für Kinder zahlreiche Aktivitäten bietet. Besonders für Familien geeignet, die Wassersport lieben.

www.stenungsbaden.se

Camp Ripan (Kiruna)
Ein familienfreundliches Hotel in der Nähe des Polarkreises, ideal für Natur- und Abenteuerliebhaber. Es bietet spezielle Angebote für Kinder und zahlreiche Outdoor-Aktivitäten.

www.ripan.se

Campingplätze in Schweden

Für Familien, die das Abenteuer lieben und gerne viel Zeit im Freien verbringen, sind Campingplätze eine großartige Option. Schweden ist ein wahres Paradies für Camper, mit zahlreichen Campingplätzen, die oft an wunderschönen Seen, in dichten Wäldern oder entlang der Küste liegen. Diese Plätze bieten eine einzigartige Möglichkeit, der Natur ganz nah zu sein und das Outdoor-Leben in vollen Zügen zu genießen. Besonders für Kinder ist Camping ein aufregendes Erlebnis, bei dem sie die Freiheit haben, in der Natur zu spielen, neue Freundschaften zu schließen und abends am Lagerfeuer zu sitzen. Die schwedischen Campingplätze sind in der Regel sehr gut ausgestattet und bieten alles, was ihr für einen komfortablen Aufenthalt benötigt. Viele Plätze verfügen über moderne Sanitäranlagen, Spielplätze, Schwimmmöglichkeiten und sogar kleine Läden, in denen ihr euch mit den wichtigsten Dingen versorgen könnt. Zudem gibt es auf vielen Campingplätzen die Möglichkeit, kleine Hütten zu mieten, falls ihr nicht im Zelt übernachten möchtet. Diese Hütten sind oft einfach, aber gemütlich eingerichtet und bieten eine wetterfeste Alternative zum Zelten.

First Camp Mölle-Höganäs
Ein beliebter Campingplatz an der Westküste Schwedens, der familienfreundliche Einrichtungen, Spielplätze und Aktivitäten für Kinder bietet.

www.firstcamp.se/molle-hoganas

Camping Särö
Dieser Campingplatz liegt in der Nähe von Göteborg und bietet zahlreiche Familienaktivitäten, darunter Spielplätze, Minigolf und direkten Zugang zum Strand.

www.campingsaro.se

Höganäs Camping

Ein familienfreundlicher Platz mit schönem Zugang zum Strand und vielen Freizeitmöglichkeiten, ideal für Familien mit Kindern.

www.hoganascamping.se

First Camp Åhus – Kristianstad

Direkt an der Küste gelegen, bietet dieser Campingplatz zahlreiche Aktivitäten für Familien, darunter ein Kinderclub, Spielplätze und Freizeitmöglichkeiten.

www.firstcamp.se/ahus

Gunnarsö Camping

in schöner Campingplatz am See mit vielen Aktivitäten für Kinder und Familien, darunter Bootsverleih, Spielplätze und Minigolf.

www.gunnarsocamping.se

Ystad Camping

Ein familienfreundlicher Platz in der Nähe des Strandes, der umfangreiche Einrichtungen für Kinder bietet.

www.ystadcamping.se

Löddeköpinge Camping

In der Nähe von Malmö gelegen, bietet dieser Campingplatz zahlreiche familienfreundliche Annehmlichkeiten, darunter Spielplätze und gute Verbindungen zu Sehenswürdigkeiten in der Umgebung.

www.loddekopingecamping.se

Skånes Djurpark Camping

Direkt neben dem Skånes Djurpark gelegen, bietet dieser Campingplatz einfachen Zugang zu einem großen Tierpark und ist ideal für Familien, die Tiere lieben.

www.skanesdjurpark.se/camping

Borggården Camping

Ein ruhiger Campingplatz am Ufer eines Sees mit vielen Outdoor-Aktivitäten für Familien, darunter Bootsfahrten und Angelmöglichkeiten.

www.borggarden.se

Fyrishov Camping (Uppsala)

Dieser Campingplatz liegt in der Nähe des Freizeitparks Fyrishov und bietet eine Vielzahl von Einrichtungen für Familien, darunter Schwimmbäder und Spielplätze.

www.fyrishov.se

Jugendherbergen / Hostels

Eine weitere interessante Unterkunftsoption für Familien sind Jugendherbergen, die in Schweden weit verbreitet sind. Viele schwedische Jugendherbergen haben sich in den letzten Jahren zu modernen und familienfreundlichen Unterkünften entwickelt, die weit über das klassische Bild einer einfachen Herberge hinausgehen. Sie bieten komfortable Familienzimmer, oft mit eigenem Bad, und sind in der Regel sehr preisgünstig. Besonders praktisch ist, dass viele Jugendherbergen Gemeinschaftsküchen haben, in denen ihr eure Mahlzeiten selbst zubereiten könnt, was das Budget schont und Flexibilität bietet. Jugendherbergen in Schweden sind oft in historischen Gebäuden oder an besonders schönen Orten gelegen, wie zum Beispiel in alten Schlössern, Bauernhöfen oder direkt am Wasser. Dies verleiht eurem Aufenthalt einen besonderen Charme und macht ihn zu einem unvergesslichen Erlebnis. Zudem bieten viele Herbergen verschiedene Freizeitmöglichkeiten, wie Fahrradverleih, Kanutouren oder geführte Wanderungen, sodass ihr direkt vor Ort aktiv werden könnt.

STF Stockholm - af Chapman & Skeppsholmen

Diese Jugendherberge befindet sich auf einem historischen Schiff und auf der malerischen Insel Skeppsholmen in Stockholm. Sie bietet eine einzigartige Unterkunftserfahrung in der Nähe der Stadtmitte und ist ideal für Familien.

www.svenskaturistforeningen.se

STF Göteborg - Vandrarhem

Diese moderne Jugendherberge liegt zentral in Göteborg und bietet komfortable Familienzimmer sowie eine gute Anbindung an die Stadtattraktionen.

www.svenskaturistforeningen.se

STF Malmö City

Die Jugendherberge befindet sich in der Innenstadt von Malmö und bietet familienfreundliche Zimmer sowie einfache Zugänge zu den Sehenswürdigkeiten der Stadt.

www.svenskaturistforeningen.se

STF Uppsala

Diese Jugendherberge liegt in Uppsala und bietet eine familienfreundliche Atmosphäre sowie eine gute Anbindung an die Stadt und ihre Attraktionen.

www.svenskaturistforeningen.se

STF Lund

Eine komfortable und moderne Jugendherberge in Lund, die besonders für Familien geeignet ist, mit einem freundlichen Ambiente und Nähe zur Stadt.

www.svenskaturistforeningen.se

STF Visby

Diese Jugendherberge liegt in der historischen Stadt Visby auf der Insel Gotland. Sie bietet einen tollen Ausgangspunkt, um die Altstadt und die Umgebung zu erkunden.

www.svenskaturistforeningen.se

STF Åre

In Åre, einem beliebten Skiort, bietet diese Jugendherberge komfortable Familienzimmer und eine Vielzahl von Outdoor-Aktivitäten direkt vor der Tür.

www.svenskaturistforeningen.se

STF Sundsvall

Diese Jugendherberge befindet sich in Sundsvall und bietet familienfreundliche Unterkünfte sowie einfache Zugänge zu den Sehenswürdigkeiten der Region.

www.svenskaturistforeningen.se

STF Kiruna

Die Jugendherberge in Kiruna bietet eine rustikale Atmosphäre und ist ein idealer Ausgangspunkt für die Erkundung der schwedischen Arktis. Sie ist besonders für Familien geeignet, die Abenteuer und Natur erleben möchten.

www.svenskaturistforeningen.se

STF Östersund

Diese Jugendherberge liegt in Östersund und bietet familienfreundliche Unterkünfte mit einfachem Zugang zu den zahlreichen Freizeitmöglichkeiten der Umgebung.

www.svenskaturistforeningen.se

Ferienwohnungen und Bed & Breakfasts

Wenn ihr während eures Schwedenurlaubs in den Städten unterwegs seid, gibt es auch die Möglichkeit, in Ferienwohnungen über Airbnb oder Bed & Breakfasts zu übernachten. Diese Unterkünfte sind besonders dann ideal, wenn ihr das Leben vor Ort hautnah erleben möchtet. Ferienwohnungen bieten euch viel Platz und die Möglichkeit, in einem eigenen Rhythmus zu leben, während Bed & Breakfasts oft durch ihre persönliche Atmosphäre und den direkten Kontakt zu den Gastgebern bestechen. Letzteres kann besonders spannend sein, wenn ihr mehr über das Leben in Schweden und die Kultur erfahren möchtet.

Ferienwohnungen über Airbnb

Airbnb bietet eine beeindruckende Auswahl an Ferienwohnungen in Schweden, die sich ideal für Familienurlaube eignen. Die Plattform ermöglicht es euch, aus einer Vielzahl von Unterkünften zu wählen, darunter charmante Ferienhäuser, moderne Apartments und einzigartige Unterkünfte wie Baumhäuser oder Bootshäuser. Familien können gezielt nach Unterkünften suchen, die über kindgerechte Einrichtungen wie Spielplätze, Kinderbetten und sichere Umgebungen verfügen. Die detaillierten Beschreibungen und Bewertungen auf Airbnb helfen euch, die perfekte Unterkunft für eure Bedürfnisse zu finden. Zudem bietet die direkte Kommunikation mit den Gastgebern eine zusätzliche Möglichkeit, spezielle Wünsche oder Fragen zu klären.

www.airbnb.de

B&B på Österlen

Ein charmantes Bed & Breakfast in der Region Österlen, bekannt für seine gemütliche Atmosphäre und das liebevoll zubereitete Frühstück.

www.bboosterlen.se

Vikingstaden Bed & Breakfast
Ein gemütliches B&B in der Stadt Östersund, ideal für Familien, die eine komfortable Unterkunft in zentraler Lage suchen.

www.vikingstaden.se

Stora Hotellet Uppsala
Ein elegantes Bed & Breakfast im Herzen von Uppsala, das Familienfreundlichkeit und hohen Komfort bietet.

www.storahotellet.se

Lilla Hotellet
Ein charmantes Bed & Breakfast in Lund, das eine freundliche Atmosphäre und ein leckeres Frühstück bietet.

www.lillahotellet.se

Helsingborgs Bed & Breakfast
Ein komfortables und familienfreundliches B&B in Helsingborg, ideal für einen Aufenthalt in der Region Skåne.

www.helsingborgsbb.se

Sundbyholm Bed & Breakfast
Ein gemütliches Bed & Breakfast in der Nähe von Eskilstuna, das eine entspannte Atmosphäre und komfortable Unterkünfte bietet.

www.sundbyholm.se

Värmdö B&B

Ein idyllisches Bed & Breakfast auf der Insel Värmdö, ideal für Familien, die Ruhe und Natur suchen.

www.varmdobb.se

The Red House B&B

Ein malerisches Bed & Breakfast in der Region Västergötland, bekannt für seine freundliche Atmosphäre und gutes Frühstück.

www.theredhousebb.se

Villa Ekliden B&B

Ein charmantes B&B in der Nähe von Jönköping, das eine gemütliche Unterkunft und ein liebevoll zubereitetes Frühstück bietet.

www.villaekliden.se

Hedekas B&B

Ein idyllisches Bed & Breakfast auf dem Land in der Region Bohuslän, ideal für Familien, die Ruhe und Natur genießen möchten.

www.hedekas.se

Kostenfrei Wohnen via HomeExchange, House Sitting & Co.

Wenn ihr nach Möglichkeiten sucht, euren Familienurlaub in Schweden kostengünstig und dennoch komfortabel zu gestalten, dann könnten Plattformen wie HomeExchange und House Sitting genau das Richtige für euch sein. Diese Alternativen zum klassischen Hotel- oder Ferienwohnungsaufenthalt bieten nicht nur eine Ersparnis bei den Unterkunftskosten, sondern auch die Chance, tiefer in die lokale Kultur einzutauchen und einen authentischen Urlaub zu erleben.

HomeExchange ist eine Plattform, die es euch ermöglicht, eure eigene Wohnung oder euer eigenes Haus gegen das eines anderen Familienmitglieds in Schweden zu tauschen. Der Grundgedanke ist einfach: Ihr bietet euer Zuhause als Tauschobjekt an, und im Gegenzug könnt ihr in der Unterkunft eines anderen Gastgebers wohnen. Dies eröffnet euch die Möglichkeit, in einem vertrauten Umfeld zu bleiben, das mit Annehmlichkeiten ausgestattet ist, die ihr vielleicht von zu Hause kennt, und gleichzeitig die Vorzüge einer neuen Umgebung zu genießen. Die Plattform bietet eine breite Auswahl an Tauschoptionen, von gemütlichen Apartments in Stockholm bis zu abgelegenen Hütten in den schwedischen Wäldern, ideal für Familien, die sowohl städtische als auch ländliche Erfahrungen suchen.

House Sitting ist eine weitere attraktive Möglichkeit, kostenfrei in Schweden zu wohnen. Bei dieser Form des Reisens übernimmt ihr die Verantwortung für ein Haus oder eine Wohnung, während die Besitzer im Urlaub sind. Eure Aufgabe besteht darin, die Immobilie zu pflegen, sicherzustellen, dass alles in Ordnung ist, und oft auch um Haustiere zu kümmern. Im Gegenzug dürft ihr kostenlos in der Unterkunft wohnen. Diese Option bietet nicht nur Einsparungen bei den Unterkunftskosten, sondern auch die Möglichkeit, in einem lokalen Umfeld zu leben und euch wie ein echter Schwede zu fühlen. Die Aufgaben, die mit House Sitting verbunden sind, sind in der Regel klar definiert und beinhalten oft auch einfache Gartenarbeiten oder das Füttern von Tieren, wodurch ihr euch die Arbeit gut einteilen könnt.

Zusätzlich gibt es Plattformen wie TrustedHousesitters und Nomador, die sich auf House Sitting spezialisieren und euch helfen können, passende Gelegenheiten in Schweden zu finden. Diese Plattformen ermöglichen es euch, Profile von Hausbesitzern und Sittern einzusehen, Bewertungen zu lesen und so die besten Optionen für eure Familie zu wählen.

Eine weitere interessante Möglichkeit sind sogenannte Hospitality-Exchange-Plattformen, bei denen ihr nicht nur Unterkunft, sondern auch die Gastfreundschaft von Einheimischen in Anspruch nehmen könnt. Diese Plattformen verbinden Reisende mit Gastgebern, die ihre Zeit und ihr Wissen über lokale Sehenswürdigkeiten und Tipps zur Verfügung stellen. Diese Form des Reisens bietet oft eine besondere Gelegenheit, tiefere Verbindungen zu den Menschen vor Ort herzustellen und authentische Erlebnisse zu sammeln, die in einem herkömmlichen Hotelaufenthalt vielleicht nicht möglich wären.

Bei der Nutzung solcher Plattformen ist es wichtig, frühzeitig zu planen und flexibel zu bleiben. Besonders in beliebten Reisezeiten können die besten Angebote schnell vergeben sein. Nutzt die Gelegenheit, euer Profil oder eure Suchanfragen gut auszuarbeiten, um die besten Chancen auf einen erfolgreichen Austausch oder House Sitting-Einsatz zu haben.

www.homeexchange.com
www.trustedhousesitters.com
www.nomador.com
www.couchsurfing.com
www.bewelcome.org
www.hospitalityclub.org
www.servas.org
www.warmshowers.org
www.workaway.info
www.helpx.net

Packliste für den Schwedenurlaub

Wenn ihr euch auf einen Familienurlaub in Schweden vorbereitet, ist eine durchdachte Packliste unerlässlich, um sicherzustellen, dass ihr alles Notwendige dabei habt und den Aufenthalt stressfrei genießen könnt. Schweden, bekannt für seine atemberaubende Natur und vielfältigen Outdoor-Aktivitäten, verlangt nach einer klugen Auswahl an Ausrüstung, die sowohl für die Erkundung der Städte als auch für Abenteuer in der Natur geeignet ist.

Beginnen wir mit den grundlegenden Kleidungsstücken. Schweden kann besonders in den Übergangsmonaten und im Winter recht kühl werden, selbst wenn es tagsüber angenehm warm erscheint. Deshalb ist es wichtig, vielseitige Kleidung mitzunehmen. Packt auf jeden Fall einen wasserdichten und winddichten Regenmantel oder eine Jacke ein, da das Wetter schnell umschlagen kann. Dazu gehören auch warme Schichten wie Fleecejacken oder -pullover, die sich leicht übereinander tragen lassen, um euch an kühleren Tagen warm zu halten. Schichtenprinzip ist hier das Stichwort – eine Kombination aus Unterwäsche, Funktionskleidung und wärmenden Oberbekleidungen stellt sicher, dass ihr auf alle Wetterbedingungen vorbereitet seid.

Für die Kinder solltet ihr besonders an Komfort und Flexibilität denken. Packt mehrere Sets an wetterfester und bequemer Kleidung ein, die leicht zu wechseln ist, falls es zu einem plötzlichen Wetterumschwung kommt. Auch hier ist das Schichtenprinzip sinnvoll: Thermounterwäsche, T-Shirts, Pullover und eine wetterfeste Jacke sind eine gute Wahl. Wenn ihr plant, viel Zeit im Freien zu verbringen, sollten wasserfeste Stiefel und warme Socken nicht fehlen. Bedenkt auch, dass Kinder schnell müde werden können, also denkt an bequeme und vielseitige Schuhe für verschiedene Aktivitäten.

Das Packen für Outdoor-Aktivitäten ist ebenfalls wichtig. Wenn ihr plant, die schwedische Landschaft zu erkunden, sind Rucksack, Wanderstöcke und eine gute Wasserflasche von Vorteil. Packt zudem ein Erste-Hilfe-Set ein, das kleine Verletzungen oder Blasen behandeln kann. Bei Wanderungen oder Erkundungen durch die Natur solltet ihr auch an Insektenschutzmittel denken, besonders in den Sommermonaten, wenn die Mücken aktiv sind. Sonnencreme und Sonnenhüte sind ebenfalls notwendig, um euch und eure Kinder vor der schwedischen Sonne zu schützen.

Für die Verpflegung solltet ihr einige Snacks und Lebensmittel dabei haben, die sich gut für Unterwegs eignen. Besonders auf längeren Ausflügen sind Energie-Riegel, Trockenfrüchte oder andere leicht transportierbare Snacks praktisch. In Schweden gibt es viele Einkaufsmöglichkeiten, aber es kann hilfreich sein, einen Vorrat an Snacks für die Kinder dabei zu haben, um ihre Laune auf langen Autofahrten oder Wanderungen zu heben. Wenn ihr spezielle Ernährungsbedürfnisse oder Vorlieben habt, nehmt auch entsprechende Lebensmittel mit.

Vergesst nicht, wichtige Dokumente und Unterhaltung für die Kinder einzupacken. Dazu gehören Reisepässe oder Personalausweise, eventuell Visa, sowie eine Kopie der Reiseversicherung. Elektronische Geräte wie Tablets oder E-Reader können auf langen Fahrten oder in den Ferienhäusern eine willkommene Abwechslung bieten. Denkt daran, Ladekabel und gegebenenfalls Adapter für Steckdosen mitzunehmen, um sicherzustellen, dass alle Geräte funktionsfähig bleiben.

Für den täglichen Gebrauch solltet ihr auch grundlegende Toilettenartikel und persönliche Pflegeprodukte einpacken. Packt eine kleine Reiseapotheke mit Medikamenten für den Notfall ein und stellt sicher, dass ihr alles, was ihr benötigt, in einer kleinen, handlichen Tasche dabei habt. Wenn ihr spezielle Medikamente benötigt, denkt daran, genug für die gesamte Reise dabei zu haben und eventuell ein Rezept oder ärztliche Bescheinigungen in Englisch dabei zu haben.

Kinderfreundliche Museen und Attraktionen in Stockholm und Umgebung

Stockholm, die schillernde Hauptstadt Schwedens, bietet eine Vielzahl von kinderfreundlichen Museen und Attraktionen, die Familien mit Kindern jeden Alters begeistern werden. Die Stadt kombiniert ihre reiche Geschichte und Kultur mit einer spielerischen Herangehensweise, die den jungen Besuchern unvergessliche Erlebnisse beschert.

Ein absolutes Highlight für Familien ist das **Junibacken**. Dieses phantastische Kinder- und Familienzentrum auf der Insel Djurgården ist ein Paradies für junge Entdecker und Literaturliebhaber. Es ist der Welt der schwedischen Kinderbuchautorin Astrid Lindgren gewidmet und ermöglicht es den Kindern, in die Geschichten von Pippi Langstrumpf, Michel aus Lönneberga und anderen berühmten Figuren einzutauchen. Das Junibacken bietet interaktive Ausstellungen und ein bezauberndes Kinderzugsystem, das durch eine Reihe von Märchenlandschaften führt, und sorgt für jede Menge Spaß und Staunen. Neben den Ausstellungen gibt es auch eine Bühne, auf der regelmäßig Kindertheaterstücke aufgeführt werden.

Nicht weit entfernt findet ihr das **Vasa-Museum**, das eine eindrucksvolle Ausstellung des Vasa-Schiffs bietet, einem beeindruckenden Kriegsschiff aus dem 17. Jahrhundert, das nach 333 Jahren aus dem Wasser geborgen wurde. Für Kinder gibt es speziell gestaltete Führungen und interaktive Stationen, die ihnen die Geschichte des Schiffs und die Epoche, in der es gebaut wurde, auf anschauliche Weise näherbringen. Der riesige Schiffskörper zieht Kinder und Erwachsene gleichermaßen in seinen Bann und bietet ein spannendes Abenteuer auf dem Wasser.

Das **Skansen**, ebenfalls auf Djurgården gelegen, ist ein Freilichtmuseum und ein Tierpark in einem. Es bietet einen wunderbaren Einblick in das schwedische Leben von früher und die Gelegenheit, traditionelle schwedische Gebäude und Handwerkskunst zu erleben. Die Kinder können durch historische Dörfer schlendern, verschiedene Handwerksvorführungen beobachten und die Tiere im Zoo bewundern. Besonders für Familien mit jüngeren Kindern gibt es zahlreiche interaktive Ausstellungen und Spielplätze, die einen unterhaltsamen und lehrreichen Tag garantieren.

Für eine entspannte, aber dennoch lehrreiche Erfahrung könnt ihr das **Naturhistoriska Riksmuseet** besuchen, das Naturhistorische Museum von Stockholm. Hier können Kinder eine spannende Reise durch die Welt der Natur machen, von Dinosauriern über Mineralien bis hin zu den vielfältigen Lebensräumen Schwedens. Die beeindruckenden Ausstellungen, darunter ein riesiges Skelett eines Blauwals, und die interaktiven Stationen machen das Museum zu einem faszinierenden Erlebnis für die ganze Familie.

In der Nähe des Stadtzentrums liegt auch das **Tekniska Museet,** das Technische Museum, das besonders für Technikbegeisterte interessant ist. Hier können Kinder an verschiedenen interaktiven Stationen experimentieren, Spiele spielen und selbst erforschen, wie Technologie und Ingenieurkunst die Welt verändern. Das Museum bietet eine Vielzahl von Aktivitäten, die speziell für Kinder entwickelt wurden, und sorgt dafür, dass Lernen und Spaß Hand in Hand gehen.

Wenn ihr die Stadt verlassen und die Umgebung erkunden möchtet, bietet sich ein Ausflug zum **Gröna Lund** an, dem berühmten Vergnügungspark auf Djurgården. Mit einer Vielzahl von Fahrgeschäften, Karussells und Spielständen ist dieser Park ein Magnet für Familien. Die Attraktionen sind für alle Altersgruppen geeignet, und es gibt spezielle Bereiche für jüngere Kinder, die sichere und spaßige Erlebnisse bieten.

Für einen etwas ruhigeren Tag in der Umgebung könnt ihr das **Tyresta Nationalpark** besuchen, der sich etwa 20 Kilometer südlich von Stockholm befindet. Dieser Nationalpark bietet familienfreundliche Wanderwege, die durch schöne Wälder und entlang malerischer Seen führen. Hier können Kinder die Natur hautnah erleben, Vögel beobachten und die frische Luft genießen.

Schärengarten und Naturparks in Stockholm und Umgebung

Die Region um Stockholm ist gesegnet mit wunderschönen Naturparks und dem faszinierenden Schärengarten, die hervorragende Möglichkeiten bieten, die Natur zu genießen und gleichzeitig Abenteuer für die ganze Familie zu erleben.

Ein besonders beliebtes Ziel für einen Tagesausflug ist der **Schärengarten** vor der Küste Stockholms. Dieses riesige Archipel besteht aus über 30.000 Inseln, die sich über eine beeindruckende Fläche erstrecken und sowohl große als auch kleine Inseln umfassen. Jede Insel hat ihren eigenen Charme und bietet unterschiedliche Möglichkeiten für Aktivitäten. Besonders für Familien ist die Insel Vaxholm ein wunderbarer Ort. Sie ist leicht mit der Fähre von Stockholm aus erreichbar und bietet malerische Landschaften, ein charmantes kleines Stadtzentrum und kinderfreundliche Aktivitäten. Hier könnt ihr durch die idyllischen Straßen schlendern, die historischen Gebäude besichtigen oder in einem der gemütlichen Cafés einkehren. **Vaxholm** ist auch ideal für ein Picknick oder eine entspannte Wanderung entlang der Küste.

Ein weiteres Highlight im Schärengarten ist die Insel **Grinda**. Diese Insel ist ein Paradies für Naturliebhaber und bietet zahlreiche Wanderwege, die durch unberührte Natur führen. Der Weg von der Fähre zur Hauptinsel führt durch eine Landschaft, die besonders im Frühling und Sommer ein Fest für die Sinne ist. Auf Grinda gibt es zahlreiche Orte zum Baden, und die Familien können im kristallklaren Wasser schwimmen oder am Ufer entspannen. Die Insel ist auch für ihre herzliche Atmosphäre und ihre familienfreundlichen Unterkünfte bekannt, falls ihr einen längeren Aufenthalt planen möchtet.

Der **Tyresta Nationalpark**, etwa 20 Kilometer südlich von Stockholm gelegen, ist ein weiteres fantastisches Ziel für Naturfreunde. Der Park ist ein weitläufiges Gebiet, das einen beeindruckenden Teil der ursprünglichen schwedischen Wildnis bewahrt hat. Hier können Familien auf gut markierten Wanderwegen durch dichte Wälder und an klaren Seen entlang spazieren. Besonders kinderfreundlich sind die kurzen Rundwege, die auch für jüngere Kinder gut machbar sind. Der Park bietet zudem mehrere Grillplätze und Picknickbereiche, die perfekt für eine Mahlzeit im Freien geeignet sind.

Nicht weit von Stockholm entfernt befindet sich der **Drottningholm Palace** Park, ein weitläufiger Park rund um das prachtvolle Drottningholm-Schloss, das auch als Residenz der schwedischen Königsfamilie bekannt ist. Der Park bietet wunderschöne Gärten, herrliche Ausblicke auf den Mälarsee und zahlreiche schattige Plätze, die sich hervorragend für ein Familienpicknick eignen. Die Kinder können durch die gepflegten Gärten flanieren, die verschiedenen Skulpturen und Brunnen entdecken und die großzügigen Rasenflächen zum Spielen nutzen.

Für Familien, die an einem Naturerlebnis etwas abseits der typischen Touristenziele interessiert sind, bietet sich der **Järvafältet Naturpark** im Norden Stockholms an. Dieser Park ist eine große, grüne Oase, die sich ideal für Familienwanderungen und Fahrradtouren eignet. Der Park ist durchzogen von vielen Wanderwegen und Radwegen, die euch durch abwechslungsreiche Landschaften führen. Es gibt auch zahlreiche Stellen, an denen ihr einen schönen Blick auf die Seen und die umliegende Natur genießen könnt.

Ein weiteres bemerkenswertes Ziel ist **Hellasgården**, ein beliebtes Freizeitzentrum im Osten von Stockholm. Hellasgården liegt in unmittelbarer Nähe eines großen Sees und bietet zahlreiche Möglichkeiten für Outdoor-Aktivitäten. Familien können hier paddeln, schwimmen oder einfach am Ufer entspannen. Das Gebiet bietet auch gut ausgebaute Wander- und Radwege, die sich ideal für Familienausflüge eignen. Ein Café vor Ort sorgt für eine angenehme Einkehrmöglichkeit nach einem aktiven Tag im Freien.

Weitere Attraktionen in Stockholm für Familien

Aquaria Vattenmuseum

Dieses beeindruckende Aquarium bietet eine faszinierende Reise durch verschiedene Wasserwelten. Von den tropischen Regenwäldern bis hin zu den kalten arktischen Gewässern können Kinder die vielfältige Unterwasserwelt erleben. Besonders aufregend ist der begehbare Tunnel, der es ermöglicht, Haie und andere Meeresbewohner hautnah zu sehen. Das Aquaria Vattenmuseum kombiniert Bildung mit interaktiven Elementen, was es zu einem großartigen Ziel für Kinder jeden Alters macht.

Museum für Kinder

Im Barnens Vänners Museum (Museum der Kinderfreunde) können Kinder in einer Vielzahl von interaktiven Ausstellungen spielerisch lernen. Das Museum bietet eine sichere Umgebung, in der Kinder experimentieren, entdecken und ihre Kreativität ausleben können. Es ist ein Ort, an dem die jüngsten Besucher ihre eigenen Experimente durchführen und neue Interessen entwickeln können.

Kista Science Tower

Der Kista Science Tower bietet nicht nur atemberaubende Ausblicke auf Stockholm, sondern auch eine interessante Architektur und ein innovatives Design, das für Familien spannend sein kann.

Es gibt in der Umgebung zahlreiche Technologie- und Innovationszentren, die besonders für technikbegeisterte Familien von Interesse sind.

Millesgården

Ein weiteres tolles Ziel ist Millesgården, das Museum und die Gartenanlage des berühmten schwedischen Bildhauers Carl Milles. Hier können Kinder durch die beeindruckenden Skulpturen und Gärten schlendern und mehr über Kunst und Künstler lernen. Der Ort bietet oft spezielle Kinderführungen und Workshops, die Kunst für junge Besucher greifbar machen.

Sodermalm

Der Stadtteil Södermalm bietet eine lebendige und kreative Atmosphäre, die ideal für Familien ist. Besonders der Hornstull Marknad, ein Flohmarkt und Kunsthandwerksmarkt, ist ein guter Ort für einen Familienausflug. Hier gibt es viele lokale Stände, die handgemachte Waren und leckeres Street Food anbieten.

Kulturhuset Stadsteatern

Dieses Kulturzentrum im Herzen Stockholms bietet regelmäßig familienfreundliche Veranstaltungen und Theateraufführungen. Die kinderfreundlichen Shows und Workshops sind ideal, um die kulturelle Szene Stockholms auf unterhaltsame Weise kennenzulernen.

Huvudsta Strand

Für einen entspannenden Tag am Wasser bietet der Huvudsta Strand eine schöne Möglichkeit zum Baden und Picknicken. Der Strand liegt am Mälarsee und ist besonders im Sommer ein beliebter Ort für Familien.

Norr Mälarstrand

Eine weitere schöne Möglichkeit, Zeit im Freien zu verbringen, bietet die Promenade am Norr Mälarstrand. Hier können Familien entlang des Wassers spazieren, das schöne Stadtpanorama genießen und es gibt viele Spielplätze und Parks für Kinder, um sich auszutoben.

Göteborg: Abenteuer in der Stadt und am Meer

Göteborg, die charmante Hafenstadt an der Westküste Schwedens, bietet eine Fülle von aufregenden Aktivitäten und Attraktionen für Familien. Die Stadt vereint urbanen Flair mit maritimen Abenteuern und ist somit ein idealer Ort für Familien, die sowohl städtische Erlebnisse als auch Naturerlebnisse suchen.

Beginnen wir mit den spannenden Möglichkeiten, die Göteborgs Innenstadt zu bieten hat. Ein absolutes Highlight für Familien ist der **Liseberg Vergnügungspark**, einer der größten und bekanntesten Freizeitparks in Schweden. Der Park erstreckt sich über eine weitläufige Fläche und bietet eine Vielzahl von Fahrgeschäften und Attraktionen für alle Altersgruppen. Für die Kleineren gibt es sanfte Karussells und ein Kinderland, während die Abenteuerlustigen sich in aufregenden Achterbahnen und Wildwasserbahnen austoben können. Besonders in den Sommermonaten und zur Weihnachtszeit verwandelt sich Liseberg in ein festliches Wunderland, das zusätzliche Attraktionen und Aktivitäten bietet.

Nicht weit von Liseberg entfernt befindet sich das **Universeum**, ein beeindruckendes Wissenschafts- und Erlebniszentrum. Hier können Kinder auf spielerische Weise die Welt der Wissenschaften erkunden. Das Universeum bietet interaktive Ausstellungen zu Themen wie Raumfahrt, Biologie und Technik. Ein besonderes Highlight ist das große Aquarium, in dem die Familien verschiedene Meeresbewohner wie Haie und Rochen bestaunen können. Die Hands-on-Experimente und das spannende Programm machen das Universeum zu einem tollen Ziel für neugierige Köpfe.

Ein weiteres kulturelles Highlight ist das **Stadtmuseum** von Göteborg (Göteborgs Stadsmuseum). Dieses Museum bietet nicht nur interessante Ausstellungen zur Geschichte der Stadt, sondern auch interaktive Bereiche speziell für Kinder. Hier können Familien in die Geschichte Göteborgs eintauchen und sich über die Entwicklung der Stadt informieren. Besondere Ausstellungen und regelmäßige Veranstaltungen bieten zusätzliche Unterhaltung und Lernmöglichkeiten für die ganze Familie.

Wenn ihr die maritime Seite von Göteborg entdecken möchtet, ist der **Göteborgs Hamn** (Göteborg Hafen) ein faszinierendes Ziel. Der Hafen ist einer der größten in Skandinavien und bietet eine beeindruckende Kulisse. Von hier aus könnt ihr Hafenrundfahrten unternehmen und mehr über die Geschichte und das Leben in einem der wichtigsten schwedischen Handelszentren erfahren. Eine Bootsfahrt auf den Kanälen und durch den Hafen ist nicht nur lehrreich, sondern auch eine entspannende Möglichkeit, die Stadt vom Wasser aus zu erleben.

Besonders im Sommer ist ein Ausflug zur **Schärenküste** von Göteborg ein absolutes Muss. Die Schären sind eine Gruppe von kleinen, malerischen Inseln, die leicht mit einer Fähre erreichbar sind. Jede Insel hat ihren eigenen Charme und bietet verschiedene Aktivitäten für Familien. Die Insel Vrångö zum Beispiel ist bekannt für ihre schönen Strände und Wanderwege, die durch eine unberührte Natur führen. Hier können die Kinder im Wasser spielen, Muscheln sammeln und die Ruhe der Natur genießen.

Ein weiteres Highlight ist die **Slottskogen**, der größte Park in Göteborg. Dieser weitläufige Park bietet zahlreiche Freizeitmöglichkeiten und ist ideal für einen Familienausflug. Es gibt weitläufige Grünflächen, Spielplätze, ein Streichelzoo und zahlreiche Wanderwege. Besonders das Tiergehege im Park, wo die Kinder verschiedene nordische Tiere wie Elche und Wildschweine beobachten können, ist ein großer Hit. Der Park ist auch ein beliebter Ort für Picknicks und bietet viele Möglichkeiten für entspannte Stunden im Freien.

Für einen entspannenden Nachmittag bietet sich der **Haga-Stadtteil** an, der für seine charmanten Altstadtgassen und traditionellen Holzgebäude bekannt ist. Hier könnt ihr durch malerische Straßen schlendern, in gemütlichen Cafés einkehren und in kleinen Geschäften stöbern. Der Stadtteil hat eine entspannte Atmosphäre und ist ideal für einen entspannten Spaziergang mit der Familie.

Nicht zuletzt ist der **Kungsportsplatsen** ein zentraler Treffpunkt in Göteborg und ein guter Ausgangspunkt, um die Stadt weiter zu erkunden. Hier findet ihr zahlreiche Geschäfte, Restaurants und Cafés, die sich perfekt für eine Pause zwischendurch eignen.

Småland: Astrid Lindgrens Welt und mehr

Småland, die malerische Region im Süden Schwedens, ist ein wahres Paradies für Familien und insbesondere für Fans der berühmten Kinderbuchautorin Astrid Lindgren. Diese bezaubernde Landschaft bietet nicht nur die Möglichkeit, in die Welt von Pippi Langstrumpf und Michel aus Lönneberga einzutauchen, sondern auch zahlreiche weitere Attraktionen und Aktivitäten, die für Familien unvergessliche Erlebnisse bereithalten.

Das Herzstück von Småland für alle Astrid-Lindgren-Fans ist zweifellos **Astrid Lindgrens Welt**, der thematische Freizeitpark in Vimmerby. Dieser Park ist ein absoluter Höhepunkt und bringt die fantastischen Geschichten Lindgrens auf eindrucksvolle Weise zum Leben. Beim Betreten des Parks werdet ihr direkt in die Welt von Pippi Langstrumpf, Michel aus Lönneberga und anderen liebenswerten Figuren aus den Büchern eintauchen. Die liebevoll gestalteten Nachbildungen der bekannten Schauplätze bieten den Kindern die Möglichkeit, durch die Straßen von Bullerbü zu schlendern, sich in Pippis Villa Kunterbunt umzusehen und Michel beim Streiche spielen in der Scheune zuzusehen.

Astrid Lindgrens Welt ist nicht nur ein Ort, um die Geschichten der Autorin zu erleben, sondern auch ein Ort voller interaktiver Erlebnisse. In den verschiedenen Bereichen des Parks gibt es zahlreiche Aktivitäten, bei denen die Kinder selbst Teil der Geschichten werden können. Es gibt Theateraufführungen, bei denen die Kinder die berühmten Charaktere hautnah erleben, und verschiedene Spielstationen, die die Fantasie anregen. Die liebevollen Details und die authentische Gestaltung der Umgebung machen den Park zu einem magischen Ort, der Familien stundenlang fesseln kann.

Neben Astrid Lindgrens Welt bietet Småland noch viele weitere Abenteuer für die ganze Familie. Der **Kronobergs län** ist eine Region von außergewöhnlicher Schönheit, die sich perfekt für Outdoor-Aktivitäten eignet. Hier findet ihr zahlreiche Wander- und Radwege, die durch idyllische Landschaften und entlang malerischer Seen führen. Besonders empfehlenswert ist eine Bootstour auf dem **Åsnen**, einem großen See, der sich ideal für Wassersportarten und entspannte Stunden auf dem Wasser eignet. Die Umgebung bietet auch zahlreiche Gelegenheiten zum Angeln, Schwimmen und Picknicken.

Ein weiteres Highlight in Småland ist der **Hässleholms Hembygdspark**, ein Freilichtmuseum, das einen faszinierenden Einblick in das traditionelle schwedische Leben bietet. Hier könnt ihr historische Gebäude und Handwerkskunst erleben, die in die Zeit zurückversetzen, als die schwedische Gesellschaft noch stark landwirtschaftlich geprägt war. Der Park bietet oft Workshops und Aktivitäten für Kinder, bei denen sie alte Handwerkstechniken ausprobieren und mehr über die Geschichte der Region erfahren können.

Für Familien, die gerne in der Natur unterwegs sind, ist der **Store Mosse Nationalpark** ein idealer Ort. Dieser Nationalpark ist bekannt für seine ausgedehnten Moorlandschaften und die vielfältige Flora und Fauna. Die gut markierten Wanderwege ermöglichen es euch, die unberührte Natur zu erkunden und die spektakulären Ausblicke auf das Moor zu genießen. Besonders im Frühling und Sommer kann man hier eine Vielzahl von Vogelarten beobachten und die Schönheit der Natur auf eigene Faust erleben.

Für ein entspannendes Erlebnis bietet sich ein Besuch in **Växjö** an, der größten Stadt in Småland. Die Stadt hat einiges zu bieten, darunter das Växjö Konserthall, wo oft Familienkonzerte und kulturelle Veranstaltungen stattfinden.

Ein weiteres Highlight in Växjö ist der Döderhultarns Museum, das eine beeindruckende Sammlung von Holzskulpturen zeigt, die von einem berühmten Holzschnitzer geschaffen wurden. Das Museum bietet einen interessanten Einblick in die traditionelle schwedische Kunst und Handwerkskunst.

Nicht zu vergessen ist der **Emil i Lönneberga Park,** der speziell für Fans von Michel aus Lönneberga gestaltet wurde. Dieser Park ist eine liebevolle Hommage an die Geschichten von Emil und bietet zahlreiche Attraktionen und Aktivitäten, die direkt aus den Büchern stammen. Die Kinder können hier Michel beim Streiche spielen beobachten, an verschiedenen Spielen teilnehmen und sich in der Welt von Lönneberga austoben.

Südschwedens Strände und Naturreservate

Südschweden ist eine Region, die für ihre beeindruckenden Strände und idyllischen Naturreservate bekannt ist. Die Mischung aus kilometerlangen Sandstränden, malerischen Küstenlinien und unberührter Natur macht diese Gegend zu einem idealen Ziel für Familien, die einen unvergesslichen Sommerurlaub verbringen möchten. Die Vielfalt der Landschaften in Südschweden bietet zahlreiche Möglichkeiten für Outdoor-Aktivitäten und Erholung, die sowohl Erwachsene als auch Kinder begeistern werden.

Beginnen wir mit den Stränden, die Südschweden zu bieten hat. Einer der bekanntesten und beliebtesten Strände ist der **Tylösand** bei Halmstad. Dieser Strand erstreckt sich über mehrere Kilometer und ist bekannt für seinen feinen, weißen Sand und das klare, blaue Wasser. Tylösand ist ideal für Familien, da es viele Einrichtungen wie Spielplätze, Picknickbereiche und Cafés gibt. Die sanften Wellen sind perfekt für ein entspanntes Bad, und die große Fläche des Strandes ermöglicht es den Kindern, sich nach Herzenslust auszutoben. In den Sommermonaten ist der Strand besonders lebhaft, mit vielen Aktivitäten und Veranstaltungen, die für zusätzliche Unterhaltung sorgen.

Nicht weit von Halmstad entfernt befindet sich der **Laholmsbukten**, eine Bucht, die mehrere schöne Strände umfasst. Besonders erwähnenswert ist der Strand bei **Skummeslövsstrand**, der für seine ruhige Atmosphäre und das seichte Wasser bekannt ist, das sich gut für jüngere Kinder eignet. Hier könnt ihr entspannte Stunden am Strand verbringen, Muscheln sammeln und die malerische Umgebung genießen. Der Laholmsbukten bietet auch gute Möglichkeiten zum Radfahren und Wandern entlang der Küste, was für eine abwechslungsreiche Familienaktivität sorgt.

Wenn ihr einen besonders naturnahen Strand erleben möchtet, solltet ihr den **Vikbolandet Naturreservat** besuchen. Dieses Gebiet bietet nicht nur einen wunderschönen Strand, sondern auch beeindruckende Landschaften mit Dünen, Wiesen und einem reichen Vogelbestand. Das Naturreservat ist ein hervorragender Ort für eine ruhige Auszeit in der Natur und bietet zahlreiche Wanderwege, die durch die abwechslungsreiche Landschaft führen. Hier könnt ihr die unberührte Natur genießen und die Kinder können die zahlreichen Tiere und Pflanzen entdecken, die in diesem Gebiet heimisch sind.

Ein weiteres Highlight für Naturfreunde ist das **Bjärekulla Naturreservat**, das sich durch eine beeindruckende Küstenlinie und vielfältige Naturkulissen auszeichnet. Die Wanderwege führen durch dichte Wälder, entlang von Klippen und über sanfte Hügel. Die Aussichtspunkte bieten atemberaubende Blicke auf das Meer und die umliegende Landschaft. Besonders spannend für Kinder sind die vielen Entdeckungsmöglichkeiten entlang der Wege – von versteckten Bachläufen bis hin zu interessanten Pflanzen und Tieren.

Das **Kosterhavet Nationalpark** ist ein weiteres außergewöhnliches Naturreservat, das sich besonders für Familien eignet, die das Meer und die Küstenlandschaft erkunden möchten. Der Nationalpark besteht aus einer Vielzahl von Inseln und Schären, die leicht mit Booten erreichbar sind. Die Unterwasserwelt des Parks ist einzigartig, und es gibt zahlreiche Möglichkeiten zum Schnorcheln und Tauchen, um die bunte Flora und Fauna des Meeres zu entdecken. Für weniger erfahrene Schwimmer bieten die Strände des Nationalparks flache Gewässer und geschützte Buchten, die ideal für Familien mit kleinen Kindern sind.

Nicht nur die Küstenregionen, sondern auch die Binnenlandschaft von Südschweden bietet wunderbare Naturerlebnisse. Das **Sölvesborgs Naturreservat** ist ein Beispiel für diese Vielfalt. Dieses Gebiet umfasst eine Mischung aus Wäldern, Feuchtgebieten und Seen, die sich hervorragend für Wanderungen und Naturerkundungen eignen.

Die Wege sind gut ausgeschildert und bieten einen sicheren Zugang zur Natur, sodass auch kleinere Kinder die Umgebung ohne Schwierigkeiten erkunden können. Besonders in den Frühjahrs- und Sommermonaten ist das Reservat ein Paradies für Vogelbeobachter und Naturfotografen.

Für eine noch intensivere Naturerfahrung könnt ihr das **Kullaberg Naturreservat** besuchen, das für seine beeindruckenden Klippen und die dramatische Küstenlandschaft bekannt ist. Die Wanderwege in diesem Gebiet führen euch zu spektakulären Aussichtspunkten, von denen aus ihr einen atemberaubenden Blick auf die Nordsee habt. Die abwechslungsreiche Landschaft bietet zahlreiche Gelegenheiten für Outdoor-Aktivitäten wie Klettern und Wandern. Die Kinder können hier spannende Abenteuer erleben, während die Erwachsenen die beeindruckende Kulisse genießen.

Västerås und der Mälarsee: Wasserspaß und Wikinger

Västerås, eine historische Stadt in Schweden, die am malerischen Mälarsee liegt, bietet Familien eine Fülle an unvergesslichen Erlebnissen, die von Wasserspaß bis zu faszinierenden Einblicken in die Wikingerzeit reichen. Diese Region kombiniert auf beeindruckende Weise Naturerlebnisse mit kulturellen Abenteuern und ist daher ein ideales Ziel für einen Familienurlaub. Der Mälarsee, der drittgrößte See Schwedens, bildet das Herzstück der Region und ist ein hervorragender Ort für Wassersport und Freizeitaktivitäten. Die Ufer des Sees sind ideal für Familienausflüge, da sie zahlreiche Strände und Badestellen bieten, die sich perfekt für einen entspannten Tag am Wasser eignen. Einer der beliebtesten Strände in der Umgebung von Västerås ist der **Djäkneberget Park,** der sowohl für seine weitläufigen Grünflächen als auch für seinen kinderfreundlichen Badebereich bekannt ist. Hier können die Kinder im flachen Wasser spielen, während die Eltern die Aussicht auf den See genießen oder ein Picknick auf den schönen Wiesen veranstalten.

Für ein noch intensiveres Wassersport-Erlebnis könnt ihr eine Bootstour auf dem Mälarsee unternehmen. Es gibt mehrere Anbieter in Västerås, die Bootsverleihe und geführte Touren anbieten. Ihr könnt euch ein Ruderboot oder ein kleines Motorboot mieten, um den See in eurem eigenen Tempo zu erkunden. Eine besonders beliebte Tour führt zu den wunderschönen **Wikinger-Inseln**, die eine Mischung aus Geschichte und Natur bieten. Diese Inseln sind ideal für eine entspannte Zeit am Wasser und bieten Gelegenheit für ein kleines Abenteuer auf dem See.

Wenn ihr etwas mehr Action sucht, ist das **Västerås Marina** der richtige Ort. Hier findet ihr eine große Auswahl an Freizeitbooten, Kajaks und Stand-Up-Paddleboards. Diese Aktivitäten sind nicht nur spaßig, sondern auch eine großartige Möglichkeit, die wunderschöne Landschaft rund um den Mälarsee aus einer anderen Perspektive zu erleben. Die Marina organisiert auch verschiedene Wassersportevents und -kurse, die für Familien geeignet sind und für zusätzlichen Spaß sorgen.

Aber Västerås hat nicht nur Wassersport zu bieten, sondern auch spannende historische und kulturelle Erlebnisse. Besonders faszinierend für Familien sind die **Vikings of Birka.** Birka ist eine historische Stadt, die auf einer Insel im Mälarsee liegt und als eine der bedeutendsten Wikinger-Siedlungen in Schweden gilt. Hier können die Familien in die Welt der Wikinger eintauchen und mehr über das Leben der alten Seefahrer erfahren. Es gibt regelmäßige Bootsausflüge zur Insel, bei denen Führungen angeboten werden, die spannende Einblicke in die Geschichte und Kultur der Wikinger geben.

Die Insel Birka selbst ist ein Freilichtmuseum, das Rekonstruktionen von Wikingerhäusern, Handwerksstätten und einer spannenden Ausstellung über das Leben im Mittelalter bietet. Die Kinder können hier an verschiedenen Workshops teilnehmen, die sich mit Wikinger-Handwerk, -Kunst und -Kultur beschäftigen. Besonders beliebt sind die Angebote, bei denen Kinder selbst kleine Wikinger-Gegenstände herstellen können, wie z. B. Holzschilde oder Schmuckstücke. Diese Aktivitäten machen die Geschichte lebendig und bieten den Familien eine lehrreiche und unterhaltsame Erfahrung.

In Västerås selbst lohnt sich ein Besuch des **Västerås Art Museum**, das eine beeindruckende Sammlung moderner und zeitgenössischer Kunst bietet. Das Museum hat oft spezielle Ausstellungen und Workshops für Kinder, die es ihnen ermöglichen, kreativ zu werden und Kunst auf interaktive Weise zu erleben. Das Art Museum ist ideal für einen kulturellen Besuch, der die ganze Familie anspricht.

Ein weiteres Highlight ist die **Västerås Cathedral**, das ein beeindruckendes Beispiel mittelalterlicher Architektur bietet. Die Kathedrale ist ein faszinierendes historisches Gebäude, dessen Besuch für die ganze Familie interessant sein kann. Es gibt oft Führungen und Veranstaltungen, die Familien ansprechen und mehr über die Geschichte und Architektur des Gebäudes vermitteln.

Für einen entspannten Nachmittag in Västerås könnt ihr auch den Djäkneberget Park besuchen. Neben dem Strand bietet dieser Park viele Spielplätze, weitläufige Grünflächen und Wanderwege, die ideal für ein Picknick oder eine kleine Erkundungstour sind. Die Kinder können sich auf den Spielplätzen austoben, während die Erwachsenen die entspannte Atmosphäre genießen.

Karlstad und der Vänersee: Natur und Erholung

Karlstad, die charmante Stadt am Westufer des Vänersees, bietet Familien eine ideale Kombination aus Naturerlebnissen und entspannender Erholung. Der Vänersee, der größte See Schwedens und der drittgrößte in Europa, ist ein wahres Paradies für Outdoor-Enthusiasten und bietet zahlreiche Möglichkeiten für Wassersport, Erholung und Naturerkundungen. In und um Karlstad gibt es für Familien mit Kindern eine Vielzahl von Aktivitäten und Attraktionen, die unvergessliche Erlebnisse garantieren.

Das Herzstück von Karlstad ist der **Vänersee**, der mit seiner beeindruckenden Größe und der Vielfalt seiner Uferlandschaften ein vielfältiges Freizeitangebot bietet. Besonders beliebt sind die Strände rund um den See, die ideal für einen entspannten Tag am Wasser sind. Der **Sundstabadet** ist ein großartiger Ort für Familien, um einen Sommertag zu genießen. Dieser Strand bietet flaches Wasser, das sich hervorragend für kleinere Kinder eignet, sowie zahlreiche Einrichtungen wie Spielplätze, Picknickbereiche und Cafés. Die weitläufige Grünfläche rund um den Strand lädt zu gemütlichen Picknicks und entspannenden Stunden in der Sonne ein.

Für einen aktiveren Tag am Wasser könnt ihr eine Bootstour auf dem Vänersee unternehmen. Es gibt verschiedene Anbieter in Karlstad, die Bootsverleihe und geführte Touren anbieten. Eine Bootstour ist eine hervorragende Möglichkeit, die Schönheit des Sees zu erleben und vielleicht sogar einige der kleinen, malerischen Inseln zu erkunden, die im See verstreut sind. Wenn ihr ein Boot mietet, könnt ihr die idyllischen Buchten und Strände des Sees auf eigene Faust entdecken und ein Gefühl für die Weite und Ruhe der Umgebung bekommen.

Ein weiteres Highlight für Familien ist der **Klarälvsbanan**, ein malerischer Radweg, der entlang des Klarälven-Flusses verläuft und den Vänersee mit der Region um Karlstad verbindet. Dieser Radweg ist ideal für eine Fahrradtour, die durch wunderschöne Landschaften führt. Die Strecke ist auch für Familien mit jüngeren Kindern gut geeignet, da sie größtenteils flach und einfach zu befahren ist. Unterwegs gibt es viele Möglichkeiten für Pausen, um die Natur zu genießen oder ein kleines Picknick zu machen.

Karlstad selbst bietet ebenfalls zahlreiche Attraktionen für Familien. Ein besonders empfehlenswertes Ziel ist das **Värmlands Museum**, das spannende Ausstellungen zur Geschichte, Kultur und Natur der Region bietet. Das Museum hat oft interaktive Bereiche und spezielle Programme für Kinder, die es ihnen ermöglichen, auf spielerische Weise mehr über die Region und ihre Geschichte zu erfahren. Hier können die Kinder durch Ausstellungen wandern, an Workshops teilnehmen und interessante Dinge über die Kultur und Traditionen von Värmland lernen.

Für einen entspannenden Nachmittag bietet sich der **Mariebergsskogen Park** an, der sich ideal für einen Familienausflug eignet. Dieser weitläufige Park bietet nicht nur schöne Spazierwege und weitläufige Grünflächen, sondern auch einen großen Spielplatz und einen Tierpark. Der Tierpark beherbergt eine Vielzahl von Tieren, darunter heimische Arten wie Elche und Rehe, die besonders bei Kindern gut ankommen. Der Park ist ein perfekter Ort für ein Picknick, eine entspannte Zeit im Freien oder einfach, um die Kinder spielen zu lassen.

Ein weiterer toller Ort für Familien ist die **Löfbergs Arena,** die größte Arena in Karlstad, die regelmäßig verschiedene Veranstaltungen und Sportereignisse bietet. Es lohnt sich, den Veranstaltungskalender zu überprüfen, da hier oft familienfreundliche Events stattfinden, von Eishockeyspielen bis hin zu Konzerten und Shows.

Für einen besonderen Ausblick auf Karlstad und den Vänersee könnt ihr den **Vänern Aussichtsturm** besuchen. Der Turm bietet einen atemberaubenden Blick auf die Umgebung und ist eine großartige Gelegenheit, die weitläufige Landschaft von oben zu betrachten. Der Aufstieg zum Turm ist einfach und auch für jüngere Kinder gut zu bewältigen, und die Aussicht von der Spitze ist ein unvergessliches Erlebnis für die ganze Familie.

Nicht zu vergessen ist der **Kärleksudden**, eine kleine Landzunge, die sich wunderbar für entspannte Spaziergänge und romantische Sonnenuntergänge eignet. Die Landschaft hier ist besonders malerisch, und die ruhige Atmosphäre macht es zu einem idealen Ort für eine kleine Auszeit oder einen romantischen Moment für die Eltern, während die Kinder die Umgebung erkunden.

Schwedisch Lappland: Ein Abenteuer am Polarkreis

Norrland, das weite, geheimnisvolle Land im Norden Schwedens, ist ein Ort von atemberaubender Schönheit und wildem Charme. In dieser Region, die sich bis zum Polarkreis erstreckt, erwarten euch unvergessliche Abenteuer und Naturerlebnisse, die für Familien eine besondere Faszination bieten. Schwedisch Lappland, mit seinen endlosen Wäldern, majestätischen Bergen und klaren Seen, bietet die perfekte Kulisse für einen außergewöhnlichen Familienurlaub, der sowohl entspannend als auch aufregend sein kann.

Eines der spektakulärsten Erlebnisse in Norrland ist die Möglichkeit, die **Nordlichter** zu beobachten. Während der Wintermonate, von September bis März, kann man in dieser Region das atemberaubende Phänomen der Aurora Borealis erleben. Die tanzenden Lichter am Nachthimmel sind ein magisches Schauspiel, das sowohl Kinder als auch Erwachsene in seinen Bann zieht. Der beste Ort, um dieses Naturwunder zu beobachten, ist in der Nähe von **Abisko**. Hier gibt es spezielle Touren und Ausflüge, die euch zu den besten Plätzen für die Nordlicht-Beobachtung bringen. Auch der **Abisko Nationalpark**, bekannt für seine klare Luft und geringe Lichtverschmutzung, ist ein hervorragender Standort, um dieses beeindruckende Naturschauspiel zu genießen.

Aber Norrland bietet nicht nur atemberaubende Naturphänomene, sondern auch zahlreiche Outdoor-Aktivitäten, die ideal für Familien sind. **Kiruna**, die nördlichste Stadt Schwedens, ist ein beliebter Ausgangspunkt für Abenteuer im Lappland. Hier könnt ihr einen aufregenden **Hundeschlitten-Ausflug** unternehmen. Bei diesen Touren zieht ein Gespann von Huskies einen Schlitten durch die verschneite Landschaft. Die Kinder können oft aktiv teilnehmen, indem sie helfen, die Hunde zu führen oder sogar selbst auf dem Schlitten Platz nehmen.

Ein weiteres Highlight für Familien ist ein Besuch in **Jukkasjärvi**, wo sich das berühmte **Eishotel** befindet. Das Icehotel ist ein einzigartiges Gebäude, das jedes Jahr neu aus Eis und Schnee gebaut wird. Die kunstvoll gestalteten Räume und Skulpturen sind eine wahre Augenweide und bieten zahlreiche Foto-Möglichkeiten. Es gibt spezielle Führungen für Familien, bei denen ihr die faszinierenden Kunstwerke und die beeindruckende Architektur des Hotels erkunden könnt. Für die Kinder gibt es oft interaktive Bereiche, in denen sie auf spielerische Weise mehr über das Eis und den Schnee erfahren können.

Für Abenteuerlustige bietet der **Sarek Nationalpark** ein wahres Paradies. Dieser Park, der als eines der wildesten und unberührtesten Gebiete in Schweden gilt, eignet sich hervorragend für anspruchsvolle Wanderungen und Erkundungen. Hier könnt ihr durch unberührte Wildnis wandern, über schroffe Berge und durch weite Täler. Die vielfältige Flora und Fauna des Parks sind faszinierend, und die Möglichkeit, wilde Tiere wie Rentiere und Luchse zu beobachten, macht das Erlebnis noch spannender. Für Familien, die an einer geführten Tour teilnehmen möchten, gibt es spezielle Angebote, die auf die Bedürfnisse von Familien zugeschnitten sind.

In **Luleå**, einer weiteren Stadt in Norrland, könnt ihr das **Norrbottens Museum** besuchen, das interessante Einblicke in die Kultur und Geschichte der Region bietet. Das Museum hat oft spezielle Ausstellungen und Aktivitäten für Kinder, die es ihnen ermöglichen, mehr über das Leben im Norden Schwedens zu erfahren. Ein weiterer spannender Ort in Luleå ist die **Gammelstad Kirche**, ein UNESCO-Weltkulturerbe, das einen faszinierenden Einblick in die schwedische Geschichte und Architektur bietet. Die alte Kirche und die traditionellen Holzhäuser bieten eine wunderbare Kulisse für einen lehrreichen Ausflug.

Für eine entspannende Zeit in der Natur bietet sich ein Aufenthalt in einem der vielen **Lodges und Hütten** in Norrland an. Diese Unterkünfte sind oft gemütlich und komfortabel und bieten einen idealen Ausgangspunkt für Erkundungen in der Umgebung.

Viele der Hütten liegen abgelegen und bieten einen wunderbaren Blick auf die umliegende Natur, sodass ihr die Ruhe und Schönheit der Landschaft in vollen Zügen genießen könnt.

Ein weiteres außergewöhnliches Erlebnis ist eine Fahrt mit dem **Schneemobil**. Diese Touren sind besonders in den Wintermonaten beliebt und bieten die Möglichkeit, die verschneite Landschaft auf eine aufregende Weise zu erkunden. Es gibt verschiedene Anbieter, die Schneemobil-Touren speziell für Familien organisieren, bei denen ihr die Schönheit der arktischen Landschaft hautnah erleben könnt.

Für eine entspannte Zeit im Freien bietet sich ein Besuch des **Laponia Naturreservats** an. Dieses Reservat, das ebenfalls zum UNESCO-Weltkulturerbe gehört, bietet eine atemberaubende Landschaft und zahlreiche Möglichkeiten für Outdoor-Aktivitäten. Die weitläufigen Gebiete sind ideal für Spaziergänge, Erkundungstouren und Naturbeobachtungen. Die Kinder können hier die unberührte Natur erleben und lernen, wie wichtig es ist, solche besonderen Orte zu schützen.

Die Höga Kusten: Wandern und Staunen an der Küste

Die Höga Kusten, oder die „Hohe Küste“ im Nordosten Schwedens, ist ein Ort von herausragender natürlicher Schönheit, der Familien eine Vielzahl an Abenteuer- und Erholungsmöglichkeiten bietet. Diese Region, die sich entlang der Ostküste Schwedens erstreckt, ist bekannt für ihre dramatischen Küstenlinien, imposanten Felsen und malerischen Landschaften, die ideal für Outdoor-Aktivitäten und Erkundungen sind. Die Höga Kusten ist nicht nur ein Naturparadies, sondern auch ein Ort, der mit seiner einzigartigen Geografie und seinen vielfältigen Attraktionen sowohl Erwachsene als auch Kinder begeistert.

Ein Highlight der Höga Kusten ist der **Skuleskogen Nationalpark**, der mit seinen beeindruckenden Wanderwegen und atemberaubenden Ausblicken beeindruckt. Der Park erstreckt sich entlang der Küste und bietet eine Mischung aus Küstenwanderungen und Waldwegen. Die Wanderungen durch den Park führen euch vorbei an dichten Wäldern, über steile Klippen und entlang von Seen und Flüssen. Besonders bemerkenswert ist der **Höga Kusten Trail**, ein etwa 130 Kilometer langer Wanderweg, der sich von Sundsvall bis zur Höga Kusten Brücke erstreckt. Dieser Weg bietet spektakuläre Ausblicke auf die Küstenlinie und das Meer und führt durch abwechslungsreiche Landschaften. Für Familien gibt es auch kürzere und leichter begehbare Strecken im Nationalpark, die ebenfalls faszinierende Ausblicke und Erlebnisse bieten.

Ein weiteres Naturwunder der Höga Kusten ist der **Ultrahöga Kusten**, eine Region, die für ihre geologischen Besonderheiten bekannt ist. Hier könnt ihr die einzigartigen Granitfelsen bewundern, die vor Millionen von Jahren durch Gletscher und Erosion geformt wurden.

Der **Höga Kusten Aussichtspunkt** ist ein idealer Ort, um einen Panoramablick auf die Küste und das Meer zu genießen. Der Aussichtspunkt ist leicht erreichbar und bietet eine großartige Gelegenheit für Familienfotos vor einer beeindruckenden Kulisse.

Für Familien, die das Abenteuer suchen, bietet der **Trollstigen** einen besonderen Reiz. Dieser Wanderweg führt durch eine dramatische Landschaft mit steilen Hängen und faszinierenden Gesteinsformationen. Die Wanderung ist besonders bei Kindern beliebt, da sie wie eine Schatzsuche erscheint, bei der es immer neue Überraschungen zu entdecken gibt. Der Weg ist gut markiert und bietet zahlreiche Aussichtspunkte, von denen aus ihr die beeindruckende Landschaft bewundern könnt.

Neben den Wanderungen bietet die Höga Kusten auch ausgezeichnete Möglichkeiten für Wassersport und Küstenerkundungen. Die Küste ist ideal für **Kajakfahrten**, bei denen ihr die zahlreichen Buchten und kleinen Inseln entdecken könnt. Die ruhigen Gewässer entlang der Küste sind perfekt für Anfänger und Familien mit Kindern. Es gibt mehrere Anbieter in der Region, die Kajakverleihe und geführte Touren anbieten. Eine Kajakfahrt ermöglicht es euch, die Küstenlinie aus einer einzigartigen Perspektive zu sehen und möglicherweise sogar einige der faszinierenden Seevögel und Wildtiere zu beobachten, die in dieser Region heimisch sind.

Für eine entspannende Zeit am Wasser bietet sich ein Besuch an den Stränden von **Nordingrå** an. Diese Strände sind weniger überlaufen und bieten eine ruhige Atmosphäre für Familien, um einen Tag am Meer zu verbringen. Das seichte Wasser und der feine Sand machen diese Strände besonders kinderfreundlich. Hier können die Kinder sicher im Wasser spielen, während die Eltern die Sonne genießen oder ein Picknick auf der weitläufigen Strandwiese veranstalten.

Ein weiterer interessanter Ort in der Höga Kusten ist **Örnsköldsvik**, eine charmante Stadt, die als Tor zur Region gilt.

Hier könnt ihr das **Fjällräven Center** besuchen, das eine faszinierende Ausstellung über die lokale Tierwelt und Naturgeschichte bietet. Das Zentrum hat oft spezielle Programme und Aktivitäten für Kinder, die es ihnen ermöglichen, mehr über die Natur der Höga Kusten zu lernen und sich auf unterhaltsame Weise mit der Umgebung auseinanderzusetzen.

Für eine lehrreiche Erfahrung bietet sich ein Besuch im **Höga Kusten Museum** in Docksta an. Dieses Museum bietet umfassende Informationen über die geologische Entwicklung der Region und die einzigartige Natur der Höga Kusten. Es gibt interaktive Ausstellungen und informative Tafeln, die für Kinder und Erwachsene gleichermaßen interessant sind. Der Besuch des Museums ist eine großartige Möglichkeit, mehr über die geologischen Formationen und die Naturgeschichte der Region zu erfahren.

Wenn ihr die Höga Kusten mit Kindern besucht, ist ein Ausflug zum **Skuleskogen Naturum** besonders empfehlenswert. Dieses Besucherzentrum bietet spannende Informationen über den Nationalpark und seine Flora und Fauna. Die Kinder können hier an verschiedenen interaktiven Stationen experimentieren und mehr über die Natur des Parks erfahren. Das Naturum ist auch ein guter Ausgangspunkt für verschiedene Wanderungen, da es Informationen über die besten Routen und Attraktionen im Park bietet.

Winterzauber in Norrland: Skifahren und Hundeschlittenfahrten

Norrland, das weitläufige und geheimnisvolle Gebiet im Norden Schwedens, verwandelt sich im Winter in ein Winterwunderland, das Familien mit Kindern unvergessliche Erlebnisse bietet. Die Region, die sich bis zum Polarkreis erstreckt, ist bekannt für ihre spektakulären Schneelandschaften, die ideal für Winterabenteuer sind. Hier erwarten euch nicht nur erstklassige Möglichkeiten zum Skifahren, sondern auch aufregende Hundeschlittenfahrten, die sowohl für Kinder als auch für Erwachsene ein großes Abenteuer darstellen.

Der Winter in Norrland ist eine Zeit, in der die Landschaft in eine weiße Märchenwelt gehüllt wird. Die schneebedeckten Wälder, gefrorenen Seen und die klare, kalte Luft schaffen die perfekte Kulisse für eine Vielzahl von Winteraktivitäten. Eine der besten Möglichkeiten, die winterliche Schönheit Norrlands zu erleben, ist das Skifahren. Die Region bietet mehrere ausgezeichnete Skigebiete, die für Familien mit Kindern besonders gut geeignet sind.

Åre ist eines der bekanntesten Skigebiete in Norrland und bietet eine breite Palette von Pisten und Aktivitäten für jedes Alter. Mit über 100 Pistenkilometern und verschiedenen Schwierigkeitsgraden ist Åre ein Paradies für Skifahrer aller Erfahrungsstufen. Für Familien gibt es spezielle Bereiche mit sanften Pisten und kinderfreundlichen Liftanlagen, die es den Kleinen erleichtern, die Grundlagen des Skifahrens zu erlernen. In der Nähe der Pisten gibt es zahlreiche Skischulen, die professionelle Unterstützung bieten und den Kindern helfen, sich sicher und wohl auf den Skiern zu fühlen.

Für jüngere Kinder gibt es in Åre auch spezielle Kinderskigebiete mit einem unterhaltsamen Mix aus Spielplätzen und einfachen Übungspisten. Diese Bereiche sind ideal, um den Kindern eine spielerische Einführung ins Skifahren zu geben, während sie gleichzeitig viel Spaß haben. Die familienfreundlichen Einrichtungen und die entspannte Atmosphäre machen Åre zu einem großartigen Ort für einen Winterurlaub mit Kindern.

Neben Åre gibt es noch andere großartige Skigebiete in Norrland, wie **Sälen** und **Funäsdalen**, die ebenfalls hervorragende Bedingungen für Familien bieten. Sälen ist besonders bekannt für seine familienfreundlichen Einrichtungen und die Vielzahl an Pisten, die sowohl für Anfänger als auch für Fortgeschrittene geeignet sind. Funäsdalen hingegen bietet eine einzigartige Mischung aus Skifahren und Winterwandern, mit wunderschönen, verschneiten Landschaften, die für Familienwanderungen geeignet sind.

Neben dem Skifahren bietet Norrland auch ein außergewöhnliches Erlebnis, das für Kinder und Erwachsene gleichermaßen faszinierend ist: Hundeschlittenfahrten. Diese Touren sind ein echtes Abenteuer und bieten die Möglichkeit, die verschneite Landschaft auf eine ganz besondere Weise zu erkunden. In Norrland gibt es mehrere Anbieter, die Hundeschlittenfahrten anbieten, insbesondere in der Nähe von **Kiruna** und **Jukkasjärvi**.

Die Hundeschlittenfahrten sind nicht nur aufregend, sondern auch eine großartige Möglichkeit, mehr über die Kultur und Traditionen der Region zu erfahren. Die Schlittenhunde, meist Alaskan Huskies, sind unglaublich freundlich und energiegeladen. Die Führer der Schlittenfahrten geben euch interessante Einblicke in das Leben der Hunde und die Geschichte der Schlittenhundezucht. Die Kinder können oft aktiv teilnehmen, indem sie beim Lenken des Schlittens helfen oder sogar selbst die Zügel übernehmen, natürlich unter der Aufsicht der erfahrenen Guides. Die Hundeschlittenfahrten führen euch durch atemberaubende Schneelandschaften, über gefrorene Seen und durch dichte Wälder.

Die Erfahrung, durch die stille Winterlandschaft zu gleiten und die frische, kalte Luft zu genießen, ist sowohl für Kinder als auch für Erwachsene unvergesslich. Die geführten Touren variieren in der Länge und können von kurzen Rundfahrten bis hin zu mehrstündigen Abenteuern reichen, je nach dem, wie viel Zeit ihr zur Verfügung habt und welche Art von Erlebnis ihr sucht.

Ein besonderes Highlight für Familien ist auch die Möglichkeit, eine **Übernachtung in einem Schlittenhunde-Lager** zu erleben. Diese Angebote beinhalten oft eine Übernachtung in gemütlichen, traditionellen Hütten oder Zelten, die mitten im Winterwunderland aufgestellt sind. Am Abend könnt ihr euch am Lagerfeuer entspannen, Geschichten hören und die entspannte Atmosphäre der arktischen Nacht genießen, während die Schlittenhunde sich nach einem langen Tag ausruhen.

Neben den Hundeschlittenfahrten und dem Skifahren bietet Norrland auch andere winterliche Aktivitäten, die für Familien interessant sein könnten. Ein Besuch in einem der zahlreichen **Eishotels** oder **Eisbauten** in der Region kann eine faszinierende Erfahrung sein. Diese einzigartigen Gebäude, die jedes Jahr neu aus Schnee und Eis gebaut werden, bieten eine atemberaubende Architektur und eine unvergessliche Atmosphäre. Führungen durch diese Eishotels geben euch einen Einblick in die kunstvollen Skulpturen und die beeindruckende Baukunst aus Eis.

Für Familien, die eine ruhigere Winteraktivität suchen, ist das **Schneeschuhwandern** eine ausgezeichnete Option. Diese Wanderungen durch die verschneite Landschaft bieten eine entspannte Möglichkeit, die Winterlandschaft zu genießen und gleichzeitig aktiv zu bleiben. Viele der Wanderwege in Norrland sind gut markiert und bieten eine Vielzahl von Schwierigkeitsgraden, sodass ihr je nach eurem Fitnesslevel und dem Alter der Kinder auswählen könnt, welche Tour am besten geeignet ist.

Wandern mit Kindern: Die schönsten Familien-wanderungen

Wandern ist eine wunderbare Möglichkeit, die atemberaubende Natur Schwedens zu erleben und gemeinsam mit der Familie unvergessliche Momente in der freien Natur zu verbringen. Für Familien mit Kindern bietet Schweden eine Vielzahl von kinderfreundlichen Wanderwegen, die sowohl abwechslungsreich als auch sicher sind. Diese Wanderungen sind nicht nur eine großartige Gelegenheit für die Kinder, sich zu bewegen und die Natur zu entdecken, sondern auch für die ganze Familie eine Chance, gemeinsam Zeit im Freien zu genießen und neue Abenteuer zu erleben.

Beginnen wir mit einem der bekanntesten Wanderziele in Schweden: dem Abisko Nationalpark im Norden des Landes. **Abisko**, bekannt für seine beeindruckende Landschaft und die Möglichkeit, die Nordlichter zu sehen, bietet auch hervorragende Wanderwege für Familien. Der **Abisko Turiststation** ist ein guter Ausgangspunkt für verschiedene Wanderungen, darunter der leichte **Abisko Canyon Trail**. Dieser Weg führt entlang des Abiskojåkka-Flusses und bietet spektakuläre Ausblicke auf den Canyon und die umliegende Landschaft. Die Strecke ist einfach und gut markiert, was sie ideal für jüngere Kinder macht. Die Wanderung ist nicht zu lang und ermöglicht es der Familie, in einem gemächlichen Tempo die Schönheit des Parks zu genießen.

Ein weiteres herausragendes Ziel für Familienwanderungen ist der **Kungsleden**, ein berühmter Wanderweg im Norden Schwedens. Der Kungsleden erstreckt sich über mehr als 400 Kilometer, aber für Familien eignen sich besonders die kürzeren Abschnitte.

Der Weg zwischen Sälka und Singistugorna bietet eine kinderfreundliche Strecke durch wunderschöne Berglandschaften. Die Strecke ist relativ leicht und bietet regelmäßige Rastplätze, die sich hervorragend für Picknicks eignen. Der Kungsleden ist besonders für seine atemberaubenden Ausblicke und die Vielfalt der Landschaft bekannt, die von sanften Hügeln bis zu dramatischen Bergkulissen reicht.

Im Süden Schwedens finden Familien ebenfalls hervorragende Wandermöglichkeiten. Der **Söderåsen** Nationalpark in Skåne bietet eine Mischung aus sanften Hügeln und malerischen Tälern. Der **Söderåsen Trail** ist ein besonders beliebter Wanderweg für Familien. Dieser Weg führt durch den Park und bietet eine Reihe von kinderfreundlichen Pfaden, die es den kleinen Abenteurern ermöglichen, sicher und bequem durch die Natur zu wandern. Besonders schön sind die Aussichtspunkte entlang des Weges, von denen aus ihr die weitläufige Landschaft Skånes bewundern könnt. Der Trail bietet auch einige interessante geologische Formationen und kleine Wasserfälle, die die Kinder begeistern werden.

Ein weiterer großartiger Ort für Familienwanderungen ist der **Fulufjället Nationalpark**, der sich an der Grenze zwischen Schweden und Norwegen erstreckt. Der Park bietet eine Vielzahl von Wanderwegen, darunter den **Njupeskär Trail**, der zu einem der höchsten Wasserfälle Schwedens führt. Die Wanderung ist relativ kurz und einfach, aber die Aussicht auf den beeindruckenden Wasserfall und die umliegende Landschaft ist spektakulär. Auf dem Weg gibt es zahlreiche Möglichkeiten, die Natur zu beobachten, und die Kinder können sich an den Rastplätzen ausruhen und die Aussicht genießen.

Für eine besonders kinderfreundliche Wanderung in einer eher flachen Umgebung empfiehlt sich der **Tiveden Nationalpark**, der sich im mittleren Schweden befindet. Der Park bietet mehrere kurze und leichte Wanderwege, die ideal für Familien mit jüngeren Kindern sind.

Der **Tiveden Trail** führt durch dichte Wälder und vorbei an glitzernden Seen, und auf den Wegen gibt es immer wieder Gelegenheit, interessante Pflanzen und Tiere zu entdecken. Die Wege sind gut markiert und bieten zahlreiche Aussichtspunkte, die es der Familie ermöglichen, sich unterwegs zu erfrischen und die natürliche Schönheit des Parks zu genießen.

n der Region Dalarna, bekannt für ihre charmante Landschaft und kulturellen Sehenswürdigkeiten, bietet der **Falu Gruva Trail** eine ausgezeichnete Möglichkeit für eine familienfreundliche Wanderung. Dieser Weg führt durch die Umgebung des historischen Falu Bergwerks, eines UNESCO-Weltkulturerbes. Die Wanderung ist einfach und bietet interessante Informationen über die Geschichte des Bergwerks und die Umgebung. Die Kinder können auf den kinderfreundlichen Wegen viel über die lokale Geschichte erfahren und dabei die wunderschöne Landschaft genießen.

Das **Rogen Naturreservat** in der Region Jämtland bietet ebenfalls fantastische Wandermöglichkeiten für Familien. Der Rogen Trail führt durch eine beeindruckende Wildnis mit zahlreichen Seen und felsigen Landschaften. Die Wanderung ist etwas anspruchsvoller, aber die Aussicht auf die unberührte Natur und die Möglichkeit, wilde Tiere zu beobachten, machen den Weg zu einem unvergesslichen Erlebnis. Familien mit älteren Kindern werden den Abenteuerfaktor und die Herausforderungen des Trails besonders schätzen.

Für eine kürzere und sehr kinderfreundliche Wanderung ist der **Höga Kusten Trail** ideal. Dieser Weg führt entlang der spektakulären Küste und bietet sowohl einfache Spaziergänge als auch anspruchsvollere Abschnitte. Die kinderfreundlichen Teile des Trails bieten sanfte Steigungen und herrliche Ausblicke auf das Meer und die Küste. Die Kinder können die verschiedenen natürlichen Besonderheiten entdecken und genießen dabei die frische Seeluft.

Camping und Outdoor-Aktivitäten: Abenteuer in der schwedischen Wildnis

---

Von den sanften Hügeln des Südens bis hin zu den majestätischen Wäldern und Seen im Norden, Schweden ist der perfekte Ort, um gemeinsam Zeit in der freien Natur zu verbringen und Abenteuer zu erleben. Camping in Schweden ist nicht nur eine Möglichkeit, dem Alltag zu entfliehen, sondern auch eine Gelegenheit, die einzigartige Schönheit der schwedischen Natur hautnah zu erleben.

Ein großer Vorteil des Campens in Schweden ist das **Allemansrätt**, das Jedermannsrecht, das es erlaubt, sich in der Natur frei zu bewegen und zu campen, solange man respektvoll mit der Umwelt umgeht. Dies bedeutet, dass ihr fast überall in der Natur campen könnt, solange ihr euch an einige grundlegende Regeln haltet. Das bedeutet für Familien, dass ihr oft die Freiheit habt, euren Campingplatz selbst zu wählen und die Natur auf eure Weise zu genießen.

Beginnen wir mit den Campingplätzen, die speziell für Familien ausgelegt sind. Schweden bietet eine Vielzahl von **familienfreundlichen** Campingplätzen, die oft über Einrichtungen wie Spielplätze, Kinderclubs und organisierte Aktivitäten verfügen. Ein herausragendes Beispiel ist **First Camp** in **Kosta**, der sich nicht nur durch seine Lage inmitten wunderschöner Natur auszeichnet, sondern auch durch seine familienfreundlichen Angebote. Hier können die Kinder auf dem Spielplatz spielen, während die Eltern sich in den komfortablen Stellplätzen oder Hütten entspannen. Der Campingplatz bietet auch zahlreiche Aktivitäten wie Minigolf und Fahrradverleih, um den Aufenthalt für die ganze Familie abwechslungsreich zu gestalten.

Ein weiteres Highlight für Familien ist der Campingplatz **Boda Borg in Sälen**. Dieser Platz kombiniert das Erlebnis des Campens mit dem Abenteuer eines Escape Rooms und bietet somit eine spannende und interaktive Möglichkeit, Zeit miteinander zu verbringen. Die Kinder können sich in den verschiedenen Themenräumen austoben, während die Eltern die Umgebung genießen oder sich in den komfortablen Einrichtungen des Campingplatzes entspannen.

Für ein authentisches Naturerlebnis abseits der großen Campingplätze könnt ihr auch das **Wildcamping** in Schweden ausprobieren. Diese Art des Campings erlaubt es euch, mitten in der Natur zu campen, beispielsweise in den Wäldern des Södra Ölands oder entlang der Küste im Höga Kusten. Ihr könnt euer Zelt aufstellen, wo immer ihr möchtet, solange ihr die Natur respektiert und die Regeln des Allemansrätt beachtet. Diese Art des Campings ermöglicht es euch, die Ruhe und Schönheit der unberührten Natur zu genießen und abseits der typischen Touristenpfade zu entspannen.

Neben dem klassischen Camping bietet Schweden eine Fülle von **Outdoor-Aktivitäten**, die sich ideal für Familien eignen. Die Wanderwege sind besonders vielfältig und reichen von einfachen Spaziergängen in der Umgebung des Campingplatzes bis hin zu anspruchsvolleren Wanderungen in den Nationalparks. Der **Söderåsen Nationalpark** im Süden bietet beispielsweise zahlreiche Wanderwege, die durch eine wunderschöne Landschaft führen und für Kinder geeignet sind. Die Wege sind gut markiert und bieten immer wieder Gelegenheit für Pausen, um die Natur zu genießen und interessante Pflanzen und Tiere zu beobachten.

Für einen zusätzlichen Adrenalinkick bieten sich **Kanu- und Kajaktouren** an. Schweden ist bekannt für seine zahlreichen Seen und Flüsse, die sich hervorragend für Wasserabenteuer eignen. Der **Tiveden Nationalpark** bietet wunderschöne Seen, die ideal für eine entspannte Kanutour sind. Die ruhigen Gewässer ermöglichen es auch weniger erfahrenen Paddlern, sich sicher auf dem Wasser zu bewegen. Kinder können beim Paddeln helfen und die Natur vom Wasser aus erkunden. Einige Anbieter in der Region bieten sogar geführte Touren an, bei denen ihr mehr über die lokale Flora und Fauna erfahren könnt.

Ein weiteres Abenteuer für die ganze Familie sind **Fahrradtouren**. Schweden hat ein ausgezeichnetes Netz an Radwegen, die durch atemberaubende Landschaften führen. Besonders empfehlenswert ist der **Kattegattleden**, ein Radweg entlang der Westküste Schwedens. Die Strecke führt durch malerische Küstendörfer, über Sandstrände und durch üppige Wälder. Für Familien gibt es kinderfreundliche Abschnitte, und viele Campingplätze entlang des Weges bieten spezielle Einrichtungen für Radfahrer.

Angeln ist ebenfalls eine beliebte Outdoor-Aktivität in Schweden. Die zahlreichen Seen und Flüsse bieten hervorragende Angelmöglichkeiten für Familien. Viele Campingplätze bieten Angelmöglichkeiten an oder haben spezielle Bereiche, in denen ihr euer Angelgeschick ausprobieren könnt. Das Angeln kann für Kinder besonders spannend sein, da sie die Möglichkeit haben, verschiedene Fischarten zu fangen und mehr über die lokale Unterwasserwelt zu erfahren. Viele Campingplätze bieten auch Angelausflüge oder Angelkurse für Kinder an, die von erfahrenen Guides geleitet werden.

Wenn ihr das Winterabenteuer bevorzugt, bietet Schweden ebenfalls eine Vielzahl von Aktivitäten. Im Winter könnt ihr **Schneeschuhwandern** oder Langlauf ausprobieren. Die Region um Åre und Sälen bietet ideale Bedingungen für diese Sportarten und ist perfekt für Familien, die den Winter in vollen Zügen genießen möchten. Schneeschuhwandern ist eine kinderfreundliche Möglichkeit, die verschneite Landschaft zu erkunden, und Langlauf bietet sowohl Sport als auch eine Gelegenheit, die winterliche Schönheit der Natur zu genießen.

Zusätzlich zu diesen Aktivitäten könnt ihr auch **Outdoor-Cooking** erleben. Viele Campingplätze und Naturgebiete bieten spezielle Feuerstellen oder Grillplätze, an denen ihr gemeinsam ein Lagerfeuer machen und eure Mahlzeiten zubereiten könnt. Das gemeinsame Kochen im Freien und das Essen unter dem Sternenhimmel sind unvergessliche Erlebnisse, die den Familienurlaub zu etwas ganz Besonderem machen.

Tierbeobachtungen und Safaris

Das Land ist reich an vielfältiger Fauna, und die unberührten Landschaften bieten ideale Bedingungen, um wilde Tiere in ihrem natürlichen Lebensraum zu beobachten. Vom majestätischen Elch bis hin zu den scheuen Luchsen – Schweden ist ein wahres Paradies für Familien, die die Natur und ihre Bewohner hautnah erleben möchten.

Ein besonders beeindruckendes Ziel für Tierbeobachtungen ist der **Nationalpark Sarek** in Lappland. Dieser abgelegene Park bietet ein echtes Wildnis-Erlebnis und ist bekannt für seine spektakuläre Natur und die Möglichkeit, wilde Tiere in ihrem natürlichen Umfeld zu beobachten. Im Sarek Nationalpark könnt ihr besonders gut Elche und Rentiere sehen. Diese majestätischen Tiere sind in den weiten Tälern und Wäldern des Parks häufig anzutreffen. Der Park ist jedoch eher für erfahrene Wanderer geeignet, da die Wege unmarkiert und anspruchsvoll sein können. Für Familien mit jüngeren Kindern bieten sich daher weniger abgelegene Regionen für Tierbeobachtungen an, die einfacher erreichbar sind.

Im Süden Schwedens gibt es ebenfalls zahlreiche Möglichkeiten, wilde Tiere zu beobachten. Der **Tyresta Nationalpark** in der Nähe von Stockholm bietet ein gutes Beispiel für eine kinderfreundliche Möglichkeit zur Tierbeobachtung. Der Park ist bekannt für seine dichten Wälder und klaren Seen und beheimatet eine Vielzahl von Tieren, darunter Rehe, Wildschweine und Vögel. Die Wanderwege sind gut ausgebaut und für Familien mit Kindern geeignet. Die verschiedenen Rundwege bieten schöne Ausblicke und die Möglichkeit, in Ruhe die Natur zu erkunden.

Für eine besonders spannende Tierbeobachtungstour solltet ihr den **Oland Zoo** auf der Insel Öland besuchen. Der Zoo beherbergt nicht nur eine Vielzahl von Tieren aus aller Welt, sondern auch eine große Anzahl von heimischen schwedischen Tieren. Hier können die Kinder viele verschiedene Tierarten kennenlernen und beobachten, darunter auch Wölfe und Bären. Der Zoo bietet zahlreiche interaktive Erlebnisse und Programme für Kinder, die das Tiererlebnis noch spannender machen.

Ein weiteres faszinierendes Ziel für Tierbeobachtungen ist der **Fulufjället Nationalpark**, der für seine beeindruckenden Landschaften und seine Tierwelt bekannt ist. Besonders interessant ist hier die Beobachtung von Bären, die in den Wäldern des Parks leben. Die Wahrscheinlichkeit, Bären zu sehen, ist jedoch eher gering, da sie scheu sind und meist Abstand von Menschen halten. Um die Chance auf eine Bärenbeobachtung zu erhöhen, ist es ratsam, sich an geführte Touren zu halten, bei denen erfahrene Guides euch in die besten Beobachtungsgebiete führen können.

Wenn ihr an einer Safari interessiert seid, ist eine **Elch-Safari** eine großartige Möglichkeit, die majestätischen Elche in freier Wildbahn zu beobachten. Solche Safaris werden in verschiedenen Regionen Schwedens angeboten, zum Beispiel im Värmland oder in Dalarna. Auf einer Elch-Safari habt ihr die Möglichkeit, unter Anleitung erfahrener Guides durch Wälder und entlang von Flüssen zu fahren, um die beeindruckenden Tiere zu entdecken. Diese Touren bieten oft auch zusätzliche Informationen über das Verhalten und die Lebensweise der Elche, was sie zu einer lehrreichen Erfahrung für die ganze Familie macht.

Wildtierbeobachtungen in der Nähe von Stockholm bieten ebenfalls spannende Möglichkeiten. Der Gröna Lund Freizeitpark in Stockholm hat ein spezielles Tierbeobachtungsprogramm, das Familien mit Kindern die Möglichkeit gibt, einheimische Tiere wie Hirsche und Wildschweine zu sehen. Diese Programme sind besonders gut geeignet, wenn ihr eine Kombination aus Freizeitparkspaß und Tierbeobachtungen erleben möchtet.

Eine weitere Möglichkeit, wilde Tiere in Schweden zu beobachten, ist der Besuch der **Arctic Circle Safaris** in Kiruna. Diese geführten Touren bieten die Chance, das Leben der Sami-Kultur kennenzulernen und dabei die arktische Tierwelt zu entdecken. Auf diesen Safaris könnt ihr Rentiere, Wölfe und andere Tiere beobachten und dabei mehr über die traditionellen Lebensweisen der Sami erfahren. Die Touren sind speziell auf Familien ausgelegt und bieten ein umfassendes Erlebnis der arktischen Region.

Wenn ihr an einer speziellen **Vogelbeobachtung** interessiert seid, dann bietet der Kosterhavet Nationalpark im Westen Schwedens ausgezeichnete Möglichkeiten. Der Park ist bekannt für seine reiche Vogelwelt, darunter zahlreiche Seevögel und andere Arten, die sich in den geschützten Gebieten niederlassen. Die Familie kann auf den ausgewiesenen Wegen wandern und gleichzeitig die faszinierende Vogelwelt beobachten. Es gibt auch spezielle Führungen und Programme, die auf Vogelbeobachtungen ausgerichtet sind und die Erfahrung für Kinder noch spannender machen.

Für ein einzigartiges Erlebnis könnt ihr auch eine **Walsafari** in den Gewässern um Gotland oder Öland unternehmen. Diese Touren bieten die Möglichkeit, verschiedene Walarten zu beobachten, die in den schwedischen Gewässern heimisch sind. Die Safaris sind familienfreundlich und bieten einen atemberaubenden Blick auf die majestätischen Tiere in ihrer natürlichen Umgebung.

Die beliebtesten Freizeitparks für Familien

Die Freizeitparks im Land sind bekannt für ihre abwechslungsreichen Attraktionen, kinderfreundlichen Einrichtungen und die Möglichkeit, gemeinsam spannende Abenteuer zu erleben. Hier sind einige der beliebtesten Freizeitparks, die ihr in Schweden entdecken könnt.

Einer der bekanntesten Freizeitparks in Schweden ist **Liseberg**, gelegen in Göteborg. Liseberg ist für seine Vielzahl an Attraktionen und seine wunderschöne Gartenlandschaft berühmt. Der Park bietet für jedes Alter etwas: Von aufregenden Achterbahnen wie der „Helix“ und der „Balder“ für die Abenteuerlustigen bis hin zu kinderfreundlichen Fahrgeschäften wie dem „Kullerbyttan“ für die jüngeren Besucher. Besonders hervorzuheben ist die große Auswahl an Familienfahrgeschäften, die es ermöglichen, gemeinsam Spaß zu haben. Liseberg ist auch für seine saisonalen Veranstaltungen bekannt, wie das Winterparadies Liseberg, das zur Weihnachtszeit eröffnet und mit einer festlichen Atmosphäre sowie einer großen Eislaufbahn begeistert. Die vielen Essensmöglichkeiten und die stimmungsvolle Beleuchtung machen einen Besuch im Liseberg zu einem echten Highlight.

Ein weiterer spannender Freizeitpark ist **Gröna Lund** in Stockholm. Direkt am Wasser gelegen, bietet dieser Park eine atemberaubende Aussicht auf die Stadt und den Hafen. Gröna Lund zeichnet sich durch eine Mischung aus traditionellen Jahrmarktsattraktionen und modernen Fahrgeschäften aus. Für die Adrenalinsüchtigen gibt es die „Twister“ oder „Fritt Fall“ Achterbahn, während jüngere Kinder sich im „Lustiga Huset“ oder auf dem Karussell vergnügen können. Gröna Lund veranstaltet auch regelmäßig Live-Konzerte und andere Events, die den Parkbesuch zusätzlich bereichern.

Für einen einzigartigen Abenteuerpark könnt ihr den **Kolmården Zoo** besuchen, der sich in der Nähe von Norrköping befindet. Kolmården kombiniert die Erlebnisse eines Zoos mit denen eines Freizeitparks und bietet zahlreiche Attraktionen für die ganze Familie. Besonders beeindruckend ist die „Dolphin Show", bei der ihr die beeindruckenden Künste der Delfine bestaunen könnt. Der Park verfügt auch über eine Seilbahn, die einen tollen Blick über die gesamte Anlage bietet, sowie eine Safari-Tour, bei der ihr wilde Tiere wie Löwen und Giraffen aus nächster Nähe erleben könnt. Für Kinder gibt es spezielle Spielplätze und kinderfreundliche Fahrgeschäfte, die den Tag im Kolmården zu einem unvergesslichen Erlebnis machen.

Der **Söderåsen** Natur- und Freizeitpark in Skåne ist ebenfalls eine tolle Option für Familien, die einen Tag voller Abenteuer verbringen möchten. Der Park bietet eine Vielzahl von Aktivitäten wie Hochseilgarten, Trampolinen und Wasserrutschen. Besonders interessant ist der Naturpark, der zahlreiche Wander- und Radwege durch eine wunderschöne Landschaft bietet. Hier können die Familien sowohl die Natur genießen als auch die verschiedenen Freizeitaktivitäten nutzen, die der Park zu bieten hat. Der Fokus liegt auf einer Mischung aus Naturerlebnis und Freizeitspaß, was den Besuch für die ganze Familie abwechslungsreich und unterhaltsam macht.

Das **Tropikariet** in Helsingborg ist ein exotischer Zoo und ein Abenteuermuseum, das sich auf tropische Tiere und Pflanzen spezialisiert hat. Besucher können durch verschiedene thematische Bereiche wie einen Regenwald und ein Korallenriff spazieren und dabei Tiere wie Krokodile, Schlangen und Affen beobachten. Der Park bietet auch spannende Workshops und interaktive Erlebnisse für Kinder.

Der **Sollefteå Äventyrspark** ist ein Abenteuerpark im Norden Schwedens, der sowohl für kleine als auch für große Abenteurer geeignet ist. Der Park bietet eine Vielzahl von Attraktionen wie Kletterwände, Seilgärten und Wasserrutschen. Es ist ein idealer Ort für Familien, die gemeinsam Zeit im Freien verbringen und aufregende Erlebnisse genießen möchten.ind.

Der **Parken Zoo** in Eskilstuna kombiniert zoologische Erlebnisse mit einem Freizeitpark. Der Zoo bietet die Möglichkeit, Tiere wie Löwen, Zebras und Giraffen zu beobachten, während der Freizeitpark verschiedene Fahrgeschäfte und Attraktionen für Kinder und Erwachsene bereitstellt. Besonders hervorzuheben ist die Mischung aus Bildung und Spaß, die der Park bietet.

Der **Högtorpsparken** in Örebro ist ein kleiner, aber charmant gestalteter Park, der für Familien geeignet ist. Er bietet eine Vielzahl von Aktivitäten für Kinder, darunter Spielplätze, Minigolf und einen kleinen Zoo. Es ist ein idealer Ort für einen entspannten Familienausflug, bei dem die Kinder spielen und die Eltern entspannen können.

Obwohl das **Växjö Konserthus och Sporthall** primär eine Konzerthalle ist, bietet das angrenzende Sportzentrum verschiedene Freizeitmöglichkeiten für Familien, darunter Eisbahnen im Winter und eine Vielzahl von Indoor-Aktivitäten, die ideal für Familienausflüge.

Der **Värmland's Adventure Park** in Karlstad bietet eine Vielzahl von Outdoor-Aktivitäten wie Hochseilgärten, Kletterwände und Ziplining. Es ist ein großartiger Ort für Familien, die das Abenteuer suchen und gemeinsam Zeit in der Natur verbringen möchten.

Boda Borg ist ein einzigartiger Abenteuerpark in Sälen, der Escape Room-ähnliche Herausforderungen bietet, bei denen Familien Aufgaben und Rätsel lösen müssen, um weiterzukommen. Der Park ist ideal für ältere Kinder und Familien, die gemeinsam an Rätseln arbeiten und spannende Herausforderungen meistern möchten.

Abenteuer- und Kletterparks

Schweden ist ein hervorragendes Land für Abenteuerlustige und Kletterbegeisterte, insbesondere für Familien, die gemeinsam aufregende Erlebnisse in der Natur genießen möchten. Die Abenteuer- und Kletterparks bieten eine Vielzahl an Herausforderungen, die sowohl kleine als auch große Entdecker begeistern werden. Hier könnt ihr spannende Kletterrouten, aufregende Seilgärten und actionreiche Parcours erleben, die für unvergessliche Abenteuer sorgen.

Beginnen wir mit einem der bekanntesten Abenteuerparks in Schweden, dem **Kungsleden Seilpark** in Stockholm. Dieser Park ist ideal für Familien, da er eine breite Palette von Kletterrouten und Abenteueraktivitäten bietet, die für alle Altersgruppen geeignet sind. Die verschiedenen Parcours sind in unterschiedlichen Schwierigkeitsgraden gehalten, sodass sowohl kleine Kinder als auch Erwachsene auf ihre Kosten kommen. Besondere Highlights sind die hohen Seilrutschen und die schwingenden Brücken, die für zusätzlichen Nervenkitzel sorgen. Der Park legt großen Wert auf Sicherheit und bietet umfassende Einweisungen sowie professionelle Ausrüstung für alle Teilnehmer. Es ist ein perfekter Ort, um sich an der frischen Luft zu betätigen und gemeinsam spannende Momente zu erleben.

Ein weiterer aufregender Ort ist der **Högtorp Adventure Park** in Örebro. Dieser Park bietet eine Vielzahl von Outdoor-Aktivitäten, darunter Kletterwände, Hochseilgärten und einen Abenteuerparcours, der sich durch den dichten Wald schlängelt. Die Kinder können ihre Kletterfähigkeiten unter Beweis stellen und ihre Höhenangst überwinden, während die Eltern die Gelegenheit nutzen, selbst aktiv zu werden. Besonders beliebt ist der Klettergarten, der in unterschiedlichen Höhenlagen angelegt ist und verschiedene Herausforderungen bietet. Zudem gibt es spezielle Programme und Workshops, die auf die Bedürfnisse von Familien abgestimmt sind und den Parkbesuch zu einem lehrreichen Erlebnis machen.

Nicht zu vergessen ist der **Kållered Adventure Park** in der Nähe von Göteborg. Dieser Park bietet eine breite Palette von Kletter- und Abenteueraktivitäten, die für Familien jeden Alters geeignet sind. Besonders beeindruckend ist der große Kletterturm, der verschiedene Routen in unterschiedlichen Schwierigkeitsgraden bietet. Für kleinere Kinder gibt es speziell gestaltete Kletterbereiche, die auf ihre Bedürfnisse abgestimmt sind. Der Park organisiert auch regelmäßige Events und Spezialaktionen, die den Besuch besonders abwechslungsreich gestalten. Die Lage des Parks, umgeben von Wäldern und Seen, trägt dazu bei, dass ihr euch während des Abenteuers gleichzeitig inmitten der Natur befindet.

Ein weiteres fantastisches Ziel ist der **Trollhättan Kletterpark**, der für seine herausfordernden Kletterrouten und seine aufregenden Hindernisparcours bekannt ist. Der Park bietet eine Vielzahl von Aktivitäten, darunter Kletterwände, Seilrutschen und Herausforderungen, die sowohl für Anfänger als auch für erfahrene Kletterer geeignet sind. Die familienfreundliche Atmosphäre und die abwechslungsreichen Parcours sorgen dafür, dass der Parkbesuch für alle Familienmitglieder ein besonderes Erlebnis wird. Der Park legt großen Wert auf Sicherheit und bietet professionelle Ausrüstung sowie umfassende Einweisungen für alle Teilnehmer.

Für einen besonders einzigartigen Kletterparkbesuch solltet ihr den **Dalarna Adventure Park** in Betracht ziehen. Dieser Park bietet eine beeindruckende Auswahl an Kletterrouten, die sich durch die malerische Landschaft von Dalarna schlängeln. Die Kletterelemente sind so gestaltet, dass sie sich harmonisch in die natürliche Umgebung einfügen und gleichzeitig spannende Herausforderungen bieten. Besondere Highlights sind die langen Seilrutschen, die über die Täler und Wälder des Parks führen und atemberaubende Ausblicke bieten. Der Park ist ideal für Familien, die eine Kombination aus Abenteuer und Naturerlebnis suchen.

Schwedische Küche für Kinder

Die schwedische Küche ist bekannt für ihre traditionellen Gerichte, die oft herzhaft, schmackhaft und kinderfreundlich sind. Von klassischen Köttbullar bis hin zu kreativen und kinderfreundlichen Snacks bietet Schweden eine Vielzahl von Gerichten, die sowohl die Gaumen der Kleinen als auch der Großen erfreuen.

Ein Klassiker der schwedischen Küche, den ihr unbedingt probieren solltet, sind die **Köttbullar** – schwedischen Fleischbällchen. Diese kleinen, herzhaften Bällchen aus Rinder- oder Schweinefleisch sind besonders bei Kindern beliebt, da sie mild gewürzt und sehr zart sind. Die Köttbullar werden oft mit Kartoffelpüree, Preiselbeermarmelade und einer cremigen Rahmsauce serviert. Die Kombination aus saftigem Fleisch, cremigem Püree und süßlicher Marmelade ist nicht nur lecker, sondern auch perfekt für kleine Esser, die gerne verschiedene Geschmacksrichtungen ausprobieren. Viele Restaurants und Cafés in Schweden bieten Köttbullar in kinderfreundlichen Portionen an, die ideal für den kleinen Hunger zwischendurch sind.

Ein weiteres beliebtes Gericht sind **Pannkakor**, die schwedischen Pfannkuchen. Diese Pfannkuchen sind dünn und weich, fast wie Crêpes, und können sowohl süß als auch herzhaft serviert werden. Für Kinder sind süße Varianten mit frischen Beeren, Marmelade oder Sirup besonders verlockend. Wenn ihr in Schweden unterwegs seid, werdet ihr feststellen, dass Pannkakor in vielen Restaurants und Cafés als Frühstück oder Dessert angeboten werden. Die Pfannkuchen lassen sich leicht an den Geschmack der Kinder anpassen und können mit verschiedenen Toppings verziert werden, sodass jedes Kind seinen eigenen Pfannkuchen nach Belieben gestalten kann.

Ein weiteres Highlight der schwedischen Küche sind **Raggmunk**, die schwedischen Kartoffelpuffer. Diese knusprigen und goldbraunen Puffer werden aus geriebenen Kartoffeln, Eiern und Mehl hergestellt und dann in der Pfanne ausgebacken. Sie sind außen schön knusprig und innen weich. Raggmunk wird oft mit Preiselbeermarmelade und einem Klecks Sauerrahm serviert, was einen angenehmen Kontrast zwischen der herzhaften Puffer und den süß-sauren Beilagen bietet. Kinder lieben die knusprige Textur und den milden Geschmack der Raggmunk, die als Hauptgericht oder Snack genossen werden können.

In Schweden sind auch **Kanelbullar**, die traditionellen Zimtschnecken, sehr beliebt. Diese köstlichen Hefeteiggebäcke sind mit einer Mischung aus Zimt und Zucker gefüllt und nach dem Backen mit einer Glasur aus Zucker bestreut. Kanelbullar sind besonders bei Kindern beliebt, da sie süß und aromatisch sind und sich perfekt als Snack für zwischendurch eignen. Viele Bäckereien und Cafés in Schweden bieten frisch gebackene Kanelbullar an, die in Kombination mit einem Glas Milch oder Saft ein tolles Gebäck für Kinder darstellen.

Neben diesen klassischen Gerichten gibt es in Schweden auch eine Vielzahl von leckeren Snacks und Süßigkeiten, die besonders bei Kindern gut ankommen. **Lösgodis**, das sind lose Süßigkeiten wie Gummibärchen, Schokoladenstückchen und Lakritz, sind in Schweden sehr beliebt. In vielen Supermärkten und Süßwarengeschäften gibt es große Tüten, die nach Belieben mit einer Auswahl an Süßigkeiten gefüllt werden können. Für Kinder ist es ein besonderer Spaß, sich ihre eigene Mischung zusammenzustellen und dabei verschiedene Geschmäcker auszuprobieren.

Ein weiteres Highlight sind **Svenska chokladbollar,** die schwedischen Schokoladenbällchen. Diese kleinen, handlichen Snacks bestehen aus einer Mischung aus Haferflocken, Kakaopulver, Zucker und Butter, die zu kleinen Bällchen gerollt und in Kokosraspeln gewälzt werden. Schokoladenbällchen sind ein beliebter Snack in Schweden, der sowohl für Kinder als auch für Erwachsene geeignet ist.

Für ein besonderes Geschmackserlebnis solltet ihr auch die schwedischen Fischgerichte ausprobieren. In Schweden werden viele Fischgerichte zubereitet, darunter **Gravad lax** (marinierter Lachs) und **Sill** (Hering). Diese Gerichte sind zwar etwas ungewöhnlicher für Kinder, bieten aber eine interessante Gelegenheit, neue Geschmäcker zu entdecken. Gravad lax wird oft in dünnen Scheiben serviert und kann auf Brot oder als Teil eines Buffets genossen werden. Sill wird in verschiedenen Marinaden angeboten, darunter Senf, Pfeffer und Zwiebeln, und kann als Teil eines traditionellen schwedischen Smörgåsbord probiert werden.

Ein weiterer kinderfreundlicher Snack, den ihr unbedingt probieren solltet, sind **Köttbullar-Mini-Burger,** die eine spaßige Variante der traditionellen Köttbullar darstellen. Diese Mini-Burger sind perfekt für Kinderhände und bieten eine leckere Kombination aus saftigem Fleisch und frischen Zutaten. Sie sind oft in Restaurants oder als Street-Food-Angebot zu finden und bieten eine schöne Gelegenheit, die schwedische Küche auf eine spielerische Weise zu genießen.

Familiäre Restaurants und kinderfreundliche Cafés

Die schwedische Gastronomie hat sich darauf eingestellt, dass Familien mit Kindern oft besondere Bedürfnisse und Wünsche haben, und bietet daher eine Vielzahl von Einrichtungen, die sowohl kulinarische Genüsse als auch eine einladende Atmosphäre für die jüngsten Gäste bieten.

Beginnen wir mit den familiären Restaurants, die in Schweden besonders auf Kinder und deren Bedürfnisse ausgerichtet sind. Diese Restaurants bieten nicht nur kinderfreundliche Menüs, sondern auch eine entspannte Atmosphäre, die es Familien ermöglicht, sich wohlzufühlen und in Ruhe zu essen. Ein Beispiel dafür ist das **Ostermalmshallen** in Stockholm, ein traditioneller Marktplatz, der zahlreiche Essensstände und Restaurants beherbergt. Hier findet ihr eine große Auswahl an Gerichten, die sowohl für Erwachsene als auch für Kinder geeignet sind. Viele Stände bieten kleine Portionen und kinderfreundliche Optionen wie Köttbullar (schwedische Fleischbällchen) oder Pannkakor (Pfannkuchen) an. Die lockere und lebhafte Atmosphäre des Marktplatzes macht es zu einem idealen Ort für Familien, die eine vielfältige Auswahl an Speisen genießen möchten.

Ein weiteres ausgezeichnetes Beispiel für ein familienfreundliches Restaurant ist das **Vete-Katten** in Stockholm. Dieses historische Café und Restaurant ist bekannt für seine charmante Atmosphäre und sein hervorragendes Angebot an Kuchen und Gebäck. Das Vete-Katten bietet eine spezielle Kinderkarte mit kleinen Portionen von beliebten Gerichten wie Sandwiches und Pfannkuchen an. Zudem gibt es eine Auswahl an hausgemachten Süßigkeiten und Keksen, die besonders bei Kindern gut ankommen. Die gemütliche Einrichtung und die freundliche Bedienung schaffen eine einladende Umgebung, in der sich Familien entspannen und eine köstliche Mahlzeit genießen können.

Wenn ihr euch in Göteborg aufhaltet, solltet ihr das **Feskekôrka** besuchen, eine bekannte Fischhalle, die auch ein Restaurant beherbergt. Hier könnt ihr frischen Fisch und Meeresfrüchte probieren, während die Kinder die Möglichkeit haben, den lebhaften Marktplatz zu erkunden. Die kinderfreundliche Atmosphäre und die Möglichkeit, verschiedene Fischgerichte zu probieren, machen es zu einem interessanten und lehrreichen Ort für die ganze Familie. Besonders beliebt sind die Fischfrikadellen und die kleinen Portionen von Fischgerichten, die speziell für Kinder zubereitet werden.

In Malmö gibt es das **Mäster Anders**, ein Restaurant, das sich auf regionale Küche spezialisiert hat und eine kinderfreundliche Umgebung bietet. Die Menükarte umfasst eine Vielzahl von schmackhaften Optionen, darunter auch kleinere Portionen für Kinder. Das Restaurant bietet zudem eine Spielecke für die jüngsten Gäste, sodass sie sich beschäftigen können, während die Erwachsenen ihre Mahlzeit genießen. Die entspannte Atmosphäre und die freundliche Bedienung sorgen dafür, dass sich Familien hier rundum wohlfühlen.

Neben diesen Restaurants gibt es in Schweden auch zahlreiche kinderfreundliche Cafés, die ein ideales Ziel für einen entspannten Nachmittag mit der Familie darstellen. Ein solches Café ist das **Kaffeverket** in Stockholm, das für seine hervorragenden Kaffees und gemütliche Atmosphäre bekannt ist. Das Café bietet nicht nur eine große Auswahl an Getränken und Kuchen, sondern auch eine spezielle Kinderkarte mit kleinen Portionen und gesunden Snacks wie Obst und Joghurt. Die entspannte Atmosphäre und die kinderfreundliche Ausstattung machen es zu einem idealen Ort für einen Familienbesuch.

Das **Café Saturnus** in Stockholm ist ein weiteres Highlight für Familien. Dieses Café ist bekannt für seine großzügigen Portionen und sein köstliches Gebäck. Die Kinder können hier große, frisch gebackene Zimtschnecken oder Schokoladenkekse genießen, während die Erwachsenen eine Tasse Kaffee oder Tee in Ruhe genießen.

Das Café bietet zudem eine kleine Spielecke, die es den Kindern ermöglicht, sich während des Besuchs zu beschäftigen.

In Göteborg solltet ihr das **Kaffé Kåken** besuchen, ein charmantes Café, das für seine entspannte Atmosphäre und seine kinderfreundliche Ausrichtung bekannt ist. Hier könnt ihr eine Vielzahl von hausgemachten Kuchen und Gebäck probieren, während die Kinder in der Spielecke spielen oder sich mit Malbüchern und Spielzeug beschäftigen. Das Café bietet zudem eine Auswahl an gesunden Snacks und kleinen Portionen, die auf die Bedürfnisse der jüngsten Gäste abgestimmt sind.

Für ein besonders schönes Café-Erlebnis in Malmö empfiehlt sich das Lilla **Kafferosteriet**, ein kleines, aber feines Café, das sich auf hochwertigen Kaffee und hausgemachtes Gebäck spezialisiert hat. Das Café bietet eine kinderfreundliche Atmosphäre und eine Auswahl an leckeren Snacks für die Kleinen, darunter auch glutenfreie und zuckerfreie Optionen. Die gemütliche Einrichtung und die freundliche Bedienung sorgen dafür, dass sich die ganze Familie hier wohlfühlt.

Stockholm **Smorgastarteriet** bietet eine entspannte Atmosphäre und eine familienfreundliche Speisekarte. Das Restaurant ist bekannt für seine vielseitige Auswahl an Gerichten, die sowohl Kinder als auch Erwachsene ansprechen. Die Portionen sind großzügig und es gibt kinderfreundliche Optionen wie Pasta, Hamburger und frische Salate. Zudem bietet das Restaurant eine Spielecke, die es den kleinen Gästen ermöglicht, sich während des Essens zu beschäftigen.

Lilla Tavernan in Göteborg ist ein familienfreundliches Restaurant in Göteborg, das für seine gemütliche Atmosphäre und sein kinderfreundliches Menü bekannt ist. Das Restaurant bietet eine Auswahl an traditionellen schwedischen Gerichten und internationalen Klassikern, die in kinderfreundlichen Portionen serviert werden. Es gibt auch eine Spielecke, die den Kindern während des Besuchs Unterhaltung bietet.

DasCafé **Pom & Flora** in Stockholm ist bekannt für seine gesunden und abwechslungsreichen Frühstücks- und Brunch-Optionen. Das Café bietet eine kinderfreundliche Atmosphäre und hat eine spezielle Kinderkarte mit kleinen Portionen von Frühstücksklassikern wie Porridge, Obstteller und Mini-Pancakes. Die gemütliche Einrichtung und das freundliche Personal sorgen dafür, dass sich Familien hier rundum wohlfühlen.

Fikabaren in Malmö ist ein charmantes Café, das sich auf hausgemachte Kuchen, Gebäck und Kaffee spezialisiert hat. Das Café bietet eine kinderfreundliche Atmosphäre mit einer Spielecke und einer Auswahl an Snacks und Getränken, die für Kinder geeignet sind. Besonders beliebt sind die frisch gebackenen Kekse und Muffins, die den kleinen Gästen besonders gut schmecken.

Spannende Museen und historische Stätten

Diese Orte bieten nicht nur spannende Einblicke in die schwedische Geschichte und Kultur, sondern auch interaktive Erlebnisse, die Kinder jeden Alters begeistern werden. Wenn ihr euch auf eine Reise durch Schweden begebt, werdet ihr feststellen, dass es eine Vielzahl von Museen und historischen Stätten gibt, die sowohl lehrreich als auch unterhaltsam sind.

In Stockholm, der Hauptstadt Schwedens, beginnt eure kulturelle Entdeckungsreise am besten im **Vasa-Museum**. Dieses beeindruckende Museum widmet sich dem schwedischen Kriegsschiff Vasa, das 1628 sank und erst im 20. Jahrhundert wiederentdeckt wurde. Das Vasa-Museum ist besonders kinderfreundlich, da es nicht nur die Geschichte des Schiffs anschaulich erzählt, sondern auch zahlreiche interaktive Ausstellungen bietet. Die Kinder können sich in den verschiedenen Bereichen des Museums spielerisch mit der Geschichte des Schiffs und seiner Besatzung vertraut machen. Der Besuch des Vasa-Museums ist nicht nur lehrreich, sondern auch eine visuelle Erfahrung, die für die ganze Familie beeindruckend ist.

Ein weiteres Highlight in Stockholm ist das **ABBA-Museum**, das den legendären schwedischen Popstars gewidmet ist. Das Museum bietet eine spannende Reise durch die Geschichte von ABBA und ermöglicht es den Besuchern, in die Welt der Musik und des Showbusiness einzutauchen. Besonders Kinder finden die interaktiven Ausstellungen und die Möglichkeit, sich in einem virtuellen ABBA-Konzert zu erleben, faszinierend. Das Museum bietet auch eine Reihe von kinderfreundlichen Aktivitäten und Workshops, die es den jüngeren Besuchern ermöglichen, kreativ zu werden und mehr über Musik zu lernen.

Nicht weit entfernt vom ABBA-Museum liegt das **Schwedische Nationalmuseum,** das eine beeindruckende Sammlung von Kunstwerken und historischen Artefakten beherbergt. Das Nationalmuseum bietet regelmäßige Familienführungen und Workshops an, die speziell auf Kinder und Jugendliche zugeschnitten sind. Diese Veranstaltungen ermöglichen es den jungen Besuchern, sich auf spielerische Weise mit Kunst und Geschichte auseinanderzusetzen und eigene kreative Projekte zu erstellen. Das Museum ist somit nicht nur ein Ort für Kunstliebhaber, sondern auch eine spannende Lernumgebung für Kinder.

In Malmö solltet ihr das **Malmöhus Castle** nicht verpassen. Diese historische Festung, die im 15. Jahrhundert erbaut wurde, ist heute ein Museum, das eine spannende Reise durch die Geschichte der Region bietet. Im Inneren des Schlosses gibt es verschiedene Ausstellungen, die sich mit der Geschichte des Schlosses, der Region und ihrer kulturellen Entwicklung beschäftigen. Kinder können sich in den historischen Räumen umsehen und mehr über das Leben in der Vergangenheit erfahren. Das Schloss bietet auch spezielle Kinderführungen und Aktivitäten an, die den jungen Besuchern helfen, die Geschichte auf eine unterhaltsame Weise zu erleben.

Für einen Einblick in die Geschichte und das Alltagsleben der schwedischen Wikingergeschichte solltet ihr das **Vikingaliv** Museum in Stockholm besuchen. Das Museum bietet eine interaktive Erfahrung, die es den Besuchern ermöglicht, in die Welt der Wikinger einzutauchen. Kinder können hier in die Rolle eines Wikingers schlüpfen, an interaktiven Stationen teilnehmen und mehr über das Leben und die Abenteuer der Wikinger erfahren. Die lebendige Darstellung und die zahlreichen Aktivitäten machen den Besuch des Vikingaliv Museums zu einem spannenden Abenteuer für die ganze Familie.

Wenn ihr euch für die Geschichte der schwedischen Schiffsfahrten interessiert, solltet ihr das **Maritima Museum** in Stockholm besuchen.

Dieses Museum bietet einen umfassenden Überblick über die maritime Geschichte Schwedens und umfasst eine beeindruckende Sammlung von Schiffsmodellen, nautischen Instrumenten und historischen Schiffsartefakten. Das Museum bietet spezielle kinderfreundliche Führungen und Aktivitäten an, die es den jüngeren Besuchern ermöglichen, auf spielerische Weise mehr über die Schifffahrt und die maritime Geschichte zu erfahren.

Nicht zu vergessen ist das **Skansen Freilichtmuseum** in Stockholm, das eine lebendige Darstellung des schwedischen Lebens und der Kultur aus verschiedenen Epochen bietet. Im Freilichtmuseum könnt ihr historische Gebäude besichtigen, traditionelle Handwerkskunst erleben und an verschiedenen Veranstaltungen teilnehmen, die das Leben in Schweden in früheren Zeiten zeigen. Besonders für Familien ist Skansen ein spannender Ort, da es viele interaktive Stationen und Aktivitäten gibt, die es den Kindern ermöglichen, die Geschichte und Kultur Schwedens hautnah zu erleben.

In Nordschweden, speziell in Kiruna, bietet das **Icehotel** ein einzigartiges kulturelles Erlebnis. Obwohl es kein traditionelles Museum ist, ist das Icehotel eine faszinierende Stätte, die aus Eis und Schnee gebaut wird und regelmäßig neu gestaltet wird. Der Besuch des Icehotels ermöglicht es der ganzen Familie, eine einzigartige und winterliche Atmosphäre zu erleben und mehr über die Kunstfertigkeit und den Bau von Schneehotels zu erfahren. Die Kinder können sich an den kunstvoll gestalteten Eisskulpturen und den beeindruckenden Schneefestungen erfreuen, die von internationalen Künstlern geschaffen wurden.

Das **Jamtli Museum** in Östersund ist ein Freilichtmuseum, das sich auf die Geschichte und Kultur der Region Jämtland konzentriert. Es bietet einen faszinierenden Einblick in das Leben der Menschen in der Vergangenheit durch historische Gebäude, Handwerksvorführungen und lebendige Geschichtsaufführungen. Kinder können hier historische Handwerkskunst erleben, alte Spiele ausprobieren und an verschiedenen Workshops teilnehmen, die speziell auf junge Besucher ausgerichtet sind.

Das **Historische Museum** in Lund bietet eine umfassende Sammlung von Artefakten und Ausstellungen, die sich mit der Geschichte Schwedens und der Region Skåne befassen. Besonders spannend für Kinder sind die interaktiven Stationen und die Kindertouren, die es den jüngeren Besuchern ermöglichen, auf spielerische Weise mehr über die Geschichte zu lernen. Das Museum bietet auch regelmäßige Veranstaltungen und Workshops an, die speziell für Familien und Kinder gestaltet sind.

Das **Uppsala University Museum** bietet einen Einblick in die Geschichte und die wissenschaftlichen Errungenschaften der ältesten Universität Schwedens. Es gibt interessante Ausstellungen über die Entwicklung der Wissenschaft und Bildung sowie interaktive Elemente, die speziell für Kinder gestaltet sind. Besonders spannend sind die historischen Instrumente und Sammlungen, die es den jungen Besuchern ermöglichen, mehr über die Geschichte der Wissenschaft zu erfahren.

Sigtuna, eine der ältesten Städte Schwedens, bietet im **Sigtuna Museum** eine spannende Reise in die Vergangenheit. Das Museum konzentriert sich auf die Geschichte der Stadt und der Region und bietet verschiedene Ausstellungen über die mittelalterliche Geschichte und das Leben in der frühen Neuzeit. Kinder können sich an interaktiven Stationen beteiligen und mehr über die historischen Ereignisse und das Leben in der Vergangenheit erfahren.

Das **Jönköping County Museum** bietet eine Vielzahl von Ausstellungen, die sich mit der Geschichte, Kultur und Natur der Region befassen. Es gibt spezielle kinderfreundliche Ausstellungen und Aktivitäten, die es den jüngeren Besuchern ermöglichen, die Geschichte und Kultur der Region auf unterhaltsame Weise zu entdecken. Das Museum bietet auch regelmäßige Workshops und Führungen für Familien an.

Das **Landskrona Museum** befindet sich in einem historischen Gebäude und bietet eine umfassende Sammlung von Kunstwerken, historischen Artefakten und lokalen Ausstellungen.

Besonders für Kinder gibt es interaktive Bereiche und spezielle Programme, die es ihnen ermöglichen, die Geschichte der Region auf spielerische Weise zu entdecken. Das Museum organisiert regelmäßig kinderfreundliche Veranstaltungen und Workshops.

Das **Gävle City Museum** bietet eine interessante Sammlung von Ausstellungen zur Geschichte und Kultur der Stadt Gävle und der Region Gästrikland. Die kinderfreundlichen Bereiche des Museums bieten interaktive Stationen und Aktivitäten, die es den jungen Besuchern ermöglichen, mehr über die Geschichte der Stadt und ihrer Umgebung zu erfahren. Das Museum bietet auch spezielle Führungen und Veranstaltungen für Familien an.

Das **Folkets Hus Museum** in Kiruna bietet einen Einblick in die Geschichte des schwedischen Bergbaus und der Region Lappland. Es gibt interessante Ausstellungen über das Leben der Menschen in den nördlichen Regionen Schwedens sowie interaktive Stationen, die für Kinder ansprechend sind. Besondere Veranstaltungen und Workshops bieten den Familien die Möglichkeit, mehr über das Leben und die Arbeit in dieser einzigartigen Region zu erfahren.

Wikingerabenteuer und Ritterspiele

Für Familien, die ihren Kindern die aufregende Geschichte der Nordländer näherbringen möchten, gibt es in Schweden zahlreiche Möglichkeiten, sich auf ein Abenteuer im Reich der Wikinger und Ritter zu begeben. Diese Erlebnisse kombinieren Bildung mit Spaß und lassen die Geschichte lebendig werden.

Im vorigen Kapitel haben wir bereits das **Vikingaliv Museum** genannt. Dieses Museum ist ein wahres Paradies für junge Geschichtsenthusiasten, die sich für die Welt der Wikinger interessieren. Hier taucht ihr gemeinsam mit euren Kindern in die Zeit der Nordmänner ein und erlebt, wie das Leben vor tausend Jahren aussah.

Das **Västerås Art Museum** ist ein besonders spannender Ort für kleine Ritterfreunde. Das Museum veranstaltet regelmäßig spezielle Kinderprogramme und Workshops, die sich auf die Geschichte der Ritter und das Mittelalter konzentrieren. Hier können die Kinder alles über das Leben im Mittelalter erfahren, Ritterrüstungen bewundern und an spannenden, altersgerechten Aktivitäten teilnehmen, die es ihnen ermöglichen, sich in die Rolle eines Ritters zu versetzen. Mit Bastelstationen, interaktiven Ausstellungen und Geschichtenerzählern wird das Mittelalter lebendig und wird für die kleinen Abenteurer zu einem echten Erlebnis.

Ein weiteres aufregendes Abenteuer wartet im **Landskrona Museum**, das nicht nur historische Exponate bietet, sondern auch spannende Ereignisse rund um die Ritterzeit veranstaltet. Hier können Kinder an lebendigen, interaktiven Aktivitäten teilnehmen, die sich um das Ritterleben drehen.

Von Schwertkampf-Demonstrationen bis hin zu Rollenspielen, in denen die Kinder selbst in die Rüstung schlüpfen und die Welt der Ritter hautnah erleben können, ist das Landskrona Museum ein Ort, an dem Geschichte lebendig wird.

Für ein authentisches Wikinger-Erlebnis solltet ihr auch das **Lofotr Viking Museum** in Borg, Norwegen, in Betracht ziehen, das nicht direkt in Schweden liegt, aber eine fantastische Gelegenheit bietet, die Wikingerzeit in ihrer ganzen Pracht zu erleben. Hier könnt ihr eine rekonstruierte Wikingersiedlung besuchen, in der ihr das tägliche Leben der Wikinger hautnah erleben könnt. Es gibt verschiedene Aktivitäten wie Bogenschießen, Drachenbootfahrten und handwerkliche Vorführungen, die für Familien mit Kindern besonders spannend sind.

Wenn ihr auf der Suche nach einer besonders abenteuerlichen Erfahrung seid, dann sind die **Ritterspiele von Örebro** eine perfekte Wahl. Diese historischen Nachstellungen von Ritterturnieren und mittelalterlichen Festen bieten ein fantastisches Schauspiel und lassen euch gemeinsam mit euren Kindern in die Welt der Ritter und Burgen eintauchen. Die Veranstaltungen bieten nicht nur beeindruckende Schaukämpfe, sondern auch historische Nachstellungen, bei denen die Kinder vieles über das Leben im Mittelalter lernen können.

In der Region Jämtland bietet das **Jämtli Museum** eine besondere Attraktion für Familien, die sich für die Geschichte der Wikinger interessieren. Hier gibt es nicht nur spannende Ausstellungen zur vikingischen Vergangenheit der Region, sondern auch interaktive Elemente und Kindertouren, die es den jungen Besuchern ermöglichen, spielerisch in die Welt der Wikinger einzutauchen.

In Lund befindet sich das **Lunda Viking Village**, eine rekonstruierten Wikinger-Siedlung, die den Besuchern einen authentischen Einblick in das Leben der Wikinger bietet.

Hier könnt ihr rekonstruierte Häuser und Werkstätten besichtigen, an historischen Handwerksvorführungen teilnehmen und mehr über das alltägliche Leben der Wikinger erfahren. Es gibt auch regelmäßige Wikinger-Feste und Events, bei denen die Besucher erleben können, wie die Wikinger lebten und arbeiteten.

Das **Fotevikens Museum** in Höllviken ist eine weitere beeindruckende Rekonstruktion einer Wikinger-Siedlung. Das Freilichtmuseum bietet eine authentische Darstellung des Wikingerlebens und ist besonders für Familien spannend, da es viele interaktive Stationen gibt. Besucher können durch die rekonstruierte Siedlung spazieren, die verschiedenen Handwerkskünste der Wikinger kennenlernen und an spannenden historischen Nachstellungen teilnehmen.

Der **Haväng Viking Market** ist ein jährliches Wikinger-Festival, das auf der Halbinsel Österlen stattfindet. Hier könnt ihr die Atmosphäre eines historischen Marktes erleben, in dem Wikinger-Handwerker ihre Waren anbieten, traditionelle Musik gespielt wird und zahlreiche Nachstellungen von historischen Ereignissen stattfinden. Das Festival bietet eine hervorragende Gelegenheit für Familien, die Welt der Wikinger auf lebendige und unterhaltsame Weise zu entdecken.

Auf Öland befindet sich **Klevens Hoved**, ein archäologischer Fundort, der eine bedeutende Rolle in der Wikinger-Geschichte spielte. Hier könnt ihr die Überreste einer alten Wikinger-Siedlung besichtigen und mehr über die Geschichte und Bedeutung dieses Ortes erfahren. Der Bereich bietet einen interessanten Einblick in die Wikingerzeit und ist besonders für Familien spannend, die sich für Archäologie und Geschichte interessieren.

Das **Nydala Viking Village** in Växjö ist eine weitere interessante Rekonstruktion einer Wikinger-Siedlung. Hier können Besucher verschiedene rekonstruierte Gebäude besichtigen und an historischen Nachstellungen teilnehmen. Das Dorf bietet eine authentische Erfahrung des Wikingerlebens und ist ein großartiger Ort für Familien, um mehr über die Geschichte und Kultur der Wikinger zu erfahren.

Traditionen und Feste: Mittsommer und Lucia

In Schweden sind Traditionen und Feste ein zentraler Bestandteil des kulturellen Lebens, und zwei der schönsten und bedeutendsten Feierlichkeiten sind Mittsommer und Lucia. Beide Anlässe bieten nicht nur faszinierende Einblicke in die schwedische Kultur, sondern auch eine wunderbare Gelegenheit für Familien, gemeinsam besondere Momente zu erleben und in die Traditionen einzutauchen, die das Land so einzigartig machen.

Mittsommer: Ein Fest der Natur und des Lichts

Mittsommer, oder „Midsommar" wie es auf Schwedisch heißt, ist eines der wichtigsten und freudigsten Feste in Schweden. Es wird am längsten Tag des Jahres gefeiert, um die Sommersonnenwende zu würdigen, und ist ein Fest, das sowohl für Kinder als auch für Erwachsene eine besondere Bedeutung hat. Die Feierlichkeiten beginnen am Freitagabend vor dem eigentlichen Mittsommer, wenn sich Familien und Freunde in ganz Schweden zu einem fröhlichen Fest im Freien versammeln.

Ein zentrales Element von Mittsommer ist der „Midsommarstång", ein bunt geschmückter Pfeiler, der auf dem Festplatz aufgestellt wird. Dieser wird oft mit Blumen, Bändern und anderen dekorativen Elementen geschmückt und dient als Mittelpunkt der Feierlichkeiten. Kinder und Erwachsene tanzen um den Midsommarstång zu fröhlicher Musik und traditionellen Liedern. Besonders für die Kleinen ist das Tanzen ein großes Vergnügen – sie können die einfachen und fröhlichen Tänze lernen und zusammen mit den anderen Festteilnehmern genießen.

Die traditionelle Mittsommerküche ist ebenfalls ein Highlight des Festes. Es gibt eine Vielzahl von köstlichen Gerichten, die auf dem Tisch landen, darunter „sill“ (sauer eingelegter Hering), „potatis“ (Kartoffeln), „gräddfil“ (Sauerrahm) und „jordgubbar“ (Erdbeeren). Familien genießen ein reichhaltiges Picknick im Freien, oft begleitet von traditionellen Spielen und Aktivitäten, die sowohl Kindern als auch Erwachsenen Freude bereiten.

Für Familien mit Kindern bietet Mittsommer eine besondere Gelegenheit, die Natur in vollen Zügen zu genießen. Die langen, hellen Tage und die warme Sommerluft machen es möglich, den Großteil des Tages im Freien zu verbringen, sei es beim Spielen, Tanzen oder beim Erkunden der Umgebung. Viele Gemeinden und Städte bieten spezielle Mittsommer-Events für Familien an, bei denen es zusätzlichen Spaß, Spiele und Aktivitäten für Kinder gibt.

Lucia: Ein Fest des Lichts und der Wärme

Lucia, oder „St. Lucia“ auf Schwedisch, wird am 13. Dezember gefeiert und ist ein festlicher Anlass, der die dunkle Jahreszeit erhellt. Es ist ein Fest, das insbesondere in den Schulen und Kindergärten eine große Rolle spielt und bei dem Kinder in weißen Gewändern und mit Kerzen auf den Kopf getragenen Kronen auftreten. Lucia selbst wird oft von einem Mädchen in einem weißen Kleid mit einem Kranz aus Kerzen auf dem Kopf verkörpert, begleitet von einem Chor von Kindern, die in weiß gekleidet sind und Lieder singen.

Die Lucia-Zeremonie beginnt normalerweise am frühen Morgen oder am Abend des 13. Dezembers. Es ist ein bewegendes und schönes Erlebnis, bei dem die Kinder Lieder wie „Sankta Lucia“ und „Stjärnor i mörkret“ singen und durch die Dunkelheit des Winters Licht und Wärme bringen. Die sanfte Musik und die leuchtenden Kerzen schaffen eine besondere Atmosphäre, die sowohl für die Kinder als auch für die Eltern eine unvergessliche Erfahrung darstellt.

Ein typisches Element der Lucia-Feierlichkeiten ist das traditionelle Lucia-Brot, „Lussekatter", ein saftiges Gebäck in Form von Schnecken oder Zöpfen, das mit Safran gewürzt ist und eine goldene Farbe hat. Dieses Gebäck wird zusammen mit Glögg, einem heißen Gewürzwein, serviert und ist ein köstlicher Genuss, der das Fest abrundet. Viele Familien bereiten Lussekatter selbst zu Hause zu und genießen sie zusammen während der Lucia-Feierlichkeiten, was eine schöne Möglichkeit ist, sich in die Traditionen einzufügen und gemeinsam Zeit zu verbringen.

Lucia ist nicht nur eine Feier des Lichts, sondern auch eine Zeit der Besinnung und des Miteinanders. In vielen Städten und Gemeinden gibt es Lucia-Umzüge und -Feiern, bei denen die Kinder ihre Lieder und Darbietungen präsentieren. Diese Veranstaltungen sind oft öffentlich und ziehen viele Familien und Freunde an, die zusammenkommen, um die festliche Stimmung zu genießen und die Kinder zu unterstützen.

Fahrradfahren in Schweden

Fahrradfahren in Schweden ist eine wunderbare Möglichkeit, das Land auf eine aktive, umweltfreundliche und zugleich naturnahe Weise zu entdecken. Für Familien mit Kindern bietet Schweden ideale Bedingungen, um gemeinsam auf zwei Rädern die Landschaften, Städte und Dörfer zu erkunden. Dank der gut ausgebauten Radwege, der abwechslungsreichen Natur und der vielen fahrradfreundlichen Einrichtungen können sowohl Anfänger als auch erfahrene Radler unvergessliche Erlebnisse sammeln.

Schweden ist ein Land, das sich durch seine vielfältigen Landschaften auszeichnet. Vom dicht bewaldeten Norden bis zu den weiten Ebenen des Südens, von den Küstenregionen mit ihren unzähligen Schären und Stränden bis hin zu den ruhigen Seenlandschaften – jede Region hat ihren eigenen Charme und bietet unterschiedliche Herausforderungen und Erlebnisse für Radfahrer. Die Strecken sind meist gut ausgeschildert, und es gibt viele Möglichkeiten, unterwegs Pausen einzulegen und die Natur zu genießen.

Für Familien besonders attraktiv sind die vielen flachen und gut befahrbaren Strecken, die sich durch malerische Landschaften ziehen. Die Radrouten führen oft an Seen vorbei, durch Wälder und Felder, und bieten immer wieder spektakuläre Ausblicke. Besonders beliebt ist beispielsweise der Kattegattleden, der entlang der Westküste von Helsingborg bis nach Göteborg führt. Diese Strecke ist nicht nur landschaftlich reizvoll, sondern auch sicher und komfortabel, da sie größtenteils abseits von Autoverkehr verläuft. Hier können Kinder in Ruhe und ohne Stress mitfahren und die frische Seeluft genießen.

Auch die Region um den Vänersee, Schwedens größten See, ist ein Paradies für Radfahrer. Die Radtouren rund um den See bieten eine Mischung aus Kultur, Natur und Abenteuer.

Unterwegs gibt es viele kinderfreundliche Unterkünfte und Restaurants, die auf die Bedürfnisse von Familien eingestellt sind. Außerdem laden zahlreiche Badestellen und Picknickplätze zu einem erfrischenden Stopp ein.

Wer die Hauptstadt Stockholm auf dem Fahrrad erkunden möchte, wird ebenfalls nicht enttäuscht. Die Stadt ist bekannt für ihre Fahrradfreundlichkeit, und es gibt viele Radwege, die durch die Stadtteile, entlang der Wasserwege und zu den grünen Parks führen. Besonders spannend für Kinder ist eine Radtour zu den Inseln des Stockholmer Schärengartens, die mit der Fähre leicht erreichbar sind. Hier kann man die Stadt hinter sich lassen und in eine Welt eintauchen, die von Ruhe, Natur und einer einzigartigen Küstenlandschaft geprägt ist.

Neben den gut ausgebauten Radwegen in den Städten und ländlichen Regionen gibt es in Schweden auch viele spezielle Radwege, die historische oder kulturelle Bedeutung haben. Der Göta-Kanal beispielsweise, der von Göteborg bis zur Ostsee führt, ist eine solche Strecke. Entlang des Kanals können Familien auf flachen Wegen radeln, die Uferlandschaft genießen und an den vielen Schleusen und kleinen Häfen Halt machen. Diese Strecke ist besonders bei Familien mit kleinen Kindern beliebt, da sie wenig Steigungen aufweist und viele Gelegenheiten für spannende Entdeckungen entlang des Weges bietet.

In Schweden wird großer Wert auf Sicherheit gelegt, was das Fahrradfahren für Familien besonders angenehm macht. Die meisten Straßen sind breit und gut ausgebaut, und Autofahrer sind an Radfahrer gewöhnt und verhalten sich rücksichtsvoll. Es gibt viele Radverleihstationen, an denen man Fahrräder für Erwachsene und Kinder sowie Anhänger und Kindersitze mieten kann. Wer längere Touren plant, findet unterwegs zahlreiche fahrradfreundliche Unterkünfte, die spezielle Services wie sichere Abstellplätze, Werkzeugsets und Reparaturmöglichkeiten anbieten.

Ein weiterer Vorteil des Fahrradfahrens in Schweden ist die Möglichkeit, abseits der Hauptstraßen und Touristenpfade unterwegs zu sein.

Auf dem Fahrrad erlebt man das Land intensiver und kann auch abgelegenere Orte erreichen, die mit dem Auto schwer zugänglich sind. So wird die Reise zu einem echten Abenteuer, bei dem man immer wieder Neues entdeckt. Die Kinder lernen dabei nicht nur die Natur und Kultur des Landes kennen, sondern entwickeln auch ein Bewusstsein für nachhaltiges Reisen und die Bedeutung von Bewegung und Aktivität.

Für Familien, die gerne sportlich unterwegs sind, gibt es in Schweden zudem viele anspruchsvollere Routen, die durch bergiges Gelände oder entlang wilder Flüsse führen. Diese Strecken erfordern zwar etwas mehr Kondition und Erfahrung, bieten dafür aber auch atemberaubende Naturerlebnisse. Wer es lieber gemütlich angehen möchte, kann auf den vielen flachen Wegen durch die schwedischen Nationalparks radeln, wo man mit etwas Glück Elche, Rehe und andere Wildtiere beobachten kann.

KAJPLATS
16
STOCKHOLM

Kanu- und Kajakfahren

Kanu- und Kajakfahren auf Schwedens Seen und Flüssen ist ein einzigartiges Erlebnis, das Natur, Abenteuer und Entspannung auf wunderbare Weise miteinander verbindet. Für Familien, die gemeinsam Zeit in der Natur verbringen möchten, gibt es kaum eine bessere Möglichkeit, die beeindruckende schwedische Landschaft aus einer neuen Perspektive zu entdecken. Die unzähligen Seen, Flüsse und Küstenlinien des Landes bieten ideale Bedingungen für Kanu- und Kajaktouren, die sowohl für Anfänger als auch für erfahrene Paddler geeignet sind.

Schweden ist bekannt für seine unberührte Natur und seine weitläufigen Gewässer, die sich über das ganze Land erstrecken. Besonders die Regionen Småland, Dalsland und Värmland, sowie die weitläufigen Schärengärten der Ost- und Westküste sind bei Paddlern äußerst beliebt. Diese Gebiete bieten eine Vielzahl von Routen, die sich perfekt für Tagesausflüge oder mehrtägige Touren eignen. Mit dem Kanu oder Kajak unterwegs zu sein, ermöglicht es euch, die Natur hautnah zu erleben und Orte zu erreichen, die auf andere Weise nicht zugänglich sind.

Für Familien mit Kindern ist Kanu- und Kajakfahren eine wunderbare Gelegenheit, gemeinsame Abenteuer zu erleben und unvergessliche Erinnerungen zu schaffen. Die ruhigen, spiegelglatten Seen und die sanft fließenden Flüsse bieten ideale Bedingungen, um das Paddeln in einer sicheren und entspannten Umgebung zu erlernen. Die meisten Tourenanbieter stellen neben Kanus und Kajaks auch die nötige Sicherheitsausrüstung, wie Schwimmwesten, zur Verfügung, sodass ihr euch ganz auf das Naturerlebnis konzentrieren könnt.

Ein besonderer Reiz des Kanu- und Kajakfahrens in Schweden liegt in der Möglichkeit, an entlegenen Ufern anzulegen und dort zu campen.

Viele Routen führen durch unberührte Gebiete, wo ihr einsame Strände, kleine Inseln und dichte Wälder entdecken könnt. Diese Nähe zur Natur fördert nicht nur ein intensives Naturerlebnis, sondern auch ein tiefes Gefühl von Freiheit und Abenteuer. Unterwegs könnt ihr die Ruhe und Abgeschiedenheit der Natur genießen, in klaren Seen schwimmen oder am Lagerfeuer gemeinsam kochen und Geschichten erzählen.

Ein beliebtes Ziel für Kanufahrer ist das Dalsland-Kanal-System, das eine der schönsten Wasserstraßen Europas darstellt. Hier könnt ihr auf über 250 Kilometern durch eine atemberaubende Seenlandschaft paddeln, die durch zahlreiche Schleusen und Verbindungswege miteinander vernetzt ist. Diese Strecke ist besonders für Familien geeignet, da sie eine gute Mischung aus ruhigen, leicht befahrbaren Abschnitten und etwas anspruchsvolleren Passagen bietet. Außerdem gibt es entlang der Route viele Campingplätze und Schutzhütten, die speziell auf die Bedürfnisse von Kanufahrern ausgerichtet sind.

Ein weiteres Highlight ist der Klarälven in Värmland, ein langsam fließender Fluss, der sich perfekt für mehrtägige Paddeltouren eignet. Der Klarälven führt durch eine malerische Landschaft aus dichten Wäldern und sanften Hügeln, vorbei an traditionellen schwedischen Dörfern und Weiden. Besonders reizvoll ist es, im Herbst zu paddeln, wenn sich die Wälder in ein buntes Farbenmeer verwandeln und die Natur in ihrer ganzen Pracht erstrahlt.

In den südlicheren Regionen, wie beispielsweise Småland, könnt ihr auf zahlreichen kleinen und großen Seen paddeln, die durch ein dichtes Netz von Wasserwegen miteinander verbunden sind. Hier findet ihr sowohl leicht zugängliche Strecken für Anfänger als auch anspruchsvollere Routen für erfahrene Paddler. Småland ist zudem bekannt für seine idyllischen Dörfer und die Nähe zu Astrid Lindgrens Heimat, was die Region zu einem idealen Ausgangspunkt für Familienausflüge macht.

Für diejenigen, die das Meer lieben, bieten die Schärengärten an der West- und Ostküste Schwedens einzigartige Möglichkeiten für Kanu- und Kajaktouren. Diese Küstenlandschaften bestehen aus Tausenden von Inseln und Felsen, die wie ein Labyrinth im Wasser verstreut liegen. Besonders die Stockholmer und die Bohuslän-Schären sind bei Paddlern beliebt. Hier könnt ihr zwischen den Inseln hindurchfahren, einsame Buchten und Strände entdecken und die reiche Vogelwelt beobachten. Die Nähe zur Küste bietet zudem immer wieder Möglichkeiten, in kleinen Fischerdörfern oder auf bewohnten Inseln anzulegen und lokale Spezialitäten zu genießen.

Beim Paddeln in Schweden begegnet ihr nicht nur einer atemberaubenden Natur, sondern auch einer vielfältigen Tierwelt. Mit etwas Glück könnt ihr Biber, Fischotter oder Elche beobachten, die sich in den Wäldern und an den Ufern tummeln. Auch die Vogelwelt ist reichhaltig und beeindruckend – von Seeadlern über Kraniche bis hin zu verschiedenen Enten- und Gänsearten, die über die Seen gleiten.

Das Kanu- und Kajakfahren in Schweden bietet also nicht nur sportliche Betätigung, sondern auch eine tiefe Verbindung zur Natur. Es lehrt uns, im Einklang mit den Elementen zu sein und die Schönheit der einfachen Dinge zu schätzen. Für Kinder ist es eine großartige Gelegenheit, ihre motorischen Fähigkeiten zu entwickeln, Verantwortung zu übernehmen und die Natur auf eine spielerische Weise kennenzulernen. Die Ruhe und der Rhythmus des Paddelns geben der Familie die Möglichkeit, den hektischen Alltag hinter sich zu lassen und gemeinsam die Wunder der schwedischen Wildnis zu entdecken.

Reiten und Pferdehöfe

Reiten und Pferdehöfe in Schweden bieten Familien eine besondere Möglichkeit, das Land auf eine völlig neue und einzigartige Weise zu erleben. Schweden ist bekannt für seine weitläufigen Landschaften, dichten Wälder und malerischen Seen, und all dies lässt sich wunderbar vom Rücken eines Pferdes aus erkunden. Reiten ist in Schweden nicht nur ein Sport, sondern eine tief verwurzelte Tradition, die eng mit der Naturverbundenheit und dem Lebensstil der Schweden verknüpft ist. Für Kinder ist der Umgang mit Pferden nicht nur eine aufregende Erfahrung, sondern auch eine wertvolle Möglichkeit, Verantwortung, Vertrauen und Geduld zu lernen.

In Schweden gibt es zahlreiche Pferdehöfe, die sich auf Familien und Kinder spezialisiert haben. Diese Höfe bieten eine Vielzahl von Aktivitäten, die von einfachen Ausritten für Anfänger bis hin zu mehrtägigen Reittouren durch die Wildnis reichen. Besonders beliebt sind sogenannte „Turridning", geführte Ausritte, bei denen ihr unter der Anleitung erfahrener Reitlehrer die Umgebung erkunden könnt. Diese Touren führen oft durch wunderschöne Landschaften, vorbei an Seen, durch dichte Wälder und über sanfte Hügel, die einen atemberaubenden Blick auf die schwedische Natur bieten.

Für Kinder, die noch keine Erfahrung im Reiten haben, sind diese Ausritte eine großartige Möglichkeit, das Reiten in einer sicheren und entspannten Umgebung zu erlernen. Die meisten Pferdehöfe bieten speziell geschulte, gutmütige Pferde und Ponys an, die besonders für jüngere Reiter geeignet sind. Unter der Aufsicht erfahrener Reitlehrer können die Kinder lernen, wie man ein Pferd richtig führt, wie man im Sattel sitzt und wie man sich sicher auf einem Pferderücken bewegt. Diese ersten Schritte sind oft der Beginn einer lebenslangen Liebe zu Pferden und der Natur.

Ein besonders faszinierendes Erlebnis ist es, eine Reittour durch die endlosen Wälder und entlang der glitzernden Seen Schwedens zu unternehmen. Das langsame, rhythmische Schaukeln des Pferdes, das Rascheln der Blätter unter den Hufen und die frische Luft, die durch die Bäume weht, schaffen eine tiefe Verbindung zur Natur. Auf diesen Touren habt ihr die Möglichkeit, Wildtiere wie Elche, Rehe oder Füchse zu beobachten, die oft neugierig die Reiter aus der Ferne betrachten. Die Ruhe und Stille der Natur, unterbrochen nur durch die Geräusche der Tiere und das Knarren der Sättel, macht diese Ausritte zu einem fast meditativen Erlebnis.

Einige Pferdehöfe bieten auch spezielle Reitcamps für Kinder an, bei denen die Kleinen nicht nur reiten, sondern auch lernen können, wie man ein Pferd pflegt, es füttert und den Stall ausmistet. Diese Camps sind eine wunderbare Gelegenheit für Kinder, in die Welt der Pferde einzutauchen und gleichzeitig neue Freundschaften zu schließen. Abends können die Kinder dann bei Lagerfeuern oder in gemütlichen Hütten den Tag Revue passieren lassen und von ihren Abenteuern erzählen.

Neben dem Reiten selbst bieten viele Höfe auch andere Aktivitäten an, die mit Pferden verbunden sind. So gibt es oft die Möglichkeit, an Pferdeschlittenfahrten teilzunehmen, besonders im Winter, wenn die Landschaft von einer dicken Schneedecke überzogen ist. Diese Fahrten sind ein besonderes Highlight für die ganze Familie, bei dem ihr in warme Decken eingekuschelt durch die verschneite Winterlandschaft gleitet, begleitet vom gleichmäßigen Klang der Hufe im Schnee und dem leisen Schellen der Glocken am Schlitten.

Auch für ältere Kinder und Jugendliche, die schon etwas Erfahrung im Reiten haben, gibt es in Schweden viele Möglichkeiten, sich weiterzuentwickeln. Einige Höfe bieten Reitkurse an, die sich auf Dressur oder Springreiten konzentrieren, während andere spezialisierte Ausritte in anspruchsvolleres Gelände anbieten. Diese Aktivitäten sind ideal, um die eigenen Reitfähigkeiten zu verbessern und gleichzeitig die schwedische Natur auf eine intensive Art und Weise zu erleben.

Für Familien, die das Reiten als gemeinsames Hobby entdeckt haben, bietet Schweden auch die Möglichkeit, gemeinsam an längeren Reitwanderungen teilzunehmen. Diese Touren, die oft mehrere Tage dauern, führen durch einige der schönsten und abgelegensten Gebiete des Landes. Unterwegs übernachtet ihr in einfachen Hütten oder Zelten, bereitet gemeinsam Mahlzeiten zu und verbringt die Abende am Lagerfeuer. Diese mehrtägigen Touren sind eine wunderbare Möglichkeit, die Familie noch enger zusammenzuschweißen und gemeinsam die Herausforderungen und Freuden des Reitens zu erleben.

Ein besonders beeindruckendes Erlebnis ist es, in der Region Lappland zu reiten, wo ihr nicht nur die wunderschöne, raue Natur erleben, sondern auch mehr über die Kultur der Sami, der Ureinwohner Schwedens, erfahren könnt. Einige Reiterhöfe bieten Touren an, bei denen ihr die Möglichkeit habt, die Rentierzucht der Sami kennenzulernen und vielleicht sogar an traditionellen Sami-Ritualen teilzunehmen. Diese Touren sind eine einmalige Gelegenheit, in die Kultur und Geschichte dieses faszinierenden Volkes einzutauchen und gleichzeitig die beeindruckende Natur Lapplands zu erleben.

Gesundheit und Sicherheit auf Reisen

Gesundheit und Sicherheit sind auf jeder Reise von entscheidender Bedeutung, besonders wenn man mit Kindern unterwegs ist. In Schweden könnt ihr euch in vielerlei Hinsicht entspannt zurücklehnen, denn das Land bietet eine hervorragende medizinische Versorgung und ein hohes Maß an Sicherheit. Dennoch ist es wichtig, gut vorbereitet zu sein, um mögliche Herausforderungen bestmöglich zu meistern und eure Reise unbeschwert genießen zu können.

Ein wesentlicher Bestandteil der Reisevorbereitung ist die Krankenversicherung. Bevor ihr euch auf den Weg nach Schweden macht, solltet ihr sicherstellen, dass eure Krankenversicherung auch im Ausland gültig ist und die notwendigen Leistungen abdeckt. In vielen Fällen kann es sinnvoll sein, eine zusätzliche Auslandskrankenversicherung abzuschließen, die beispielsweise die Kosten für einen eventuellen Rücktransport ins Heimatland übernimmt. Wenn ihr EU-Bürger seid, habt ihr in Schweden mit der Europäischen Krankenversicherungskarte (EHIC) Anspruch auf medizinische Grundversorgung. Dennoch kann es nicht schaden, die Kontaktdaten der nächstgelegenen Botschaft oder des Konsulats bei euch zu tragen, falls ihr in einem Notfall Unterstützung benötigt.

Ein weiterer wichtiger Punkt ist die Zusammenstellung einer Reiseapotheke. Besonders wenn ihr mit kleinen Kindern unterwegs seid, ist es ratsam, eine gut ausgestattete Reiseapotheke mitzunehmen. Dazu gehören Medikamente gegen Fieber und Schmerzen, Mittel gegen Reiseübelkeit, Pflaster, Desinfektionsmittel und ein Fieberthermometer. Auch spezielle Medikamente, die eure Kinder möglicherweise regelmäßig einnehmen müssen, sollten in ausreichender Menge eingepackt werden.

In Schweden sind Apotheken (Apotek) weit verbreitet, und ihr findet dort eine gute Auswahl an rezeptfreien Medikamenten und medizinischen Produkten. Dennoch ist es beruhigend, die wichtigsten Mittel direkt zur Hand zu haben, besonders wenn ihr in abgelegene Regionen reist.

In puncto Sicherheit ist Schweden ein sehr sicheres Reiseland. Die Kriminalitätsrate ist vergleichsweise niedrig, und die Menschen sind offen und hilfsbereit. Dennoch solltet ihr, wie überall auf der Welt, auf eure Wertsachen achten und keine unbeaufsichtigt lassen. Besonders in größeren Städten wie Stockholm oder Göteborg kann es in touristisch stark frequentierten Gegenden zu Taschendiebstählen kommen. Es ist also ratsam, Wertsachen sicher zu verstauen und keine großen Geldbeträge mit sich zu führen. Für zusätzliche Sicherheit könnt ihr eure Wertsachen in einem Hotelsafe deponieren oder euch eine spezielle Gürteltasche zulegen, die ihr unter der Kleidung tragen könnt.

Auch der Straßenverkehr in Schweden ist sicher, dennoch ist Vorsicht geboten, vor allem wenn ihr mit dem Auto unterwegs seid. Schweden ist bekannt für seine strengen Verkehrsregeln, und die Einhaltung von Geschwindigkeitsbegrenzungen wird streng kontrolliert. Besonders wichtig ist es, in ländlichen Gebieten auf Wildwechsel zu achten, da Elche und Rehe oft unerwartet die Straße kreuzen können. Wenn ihr ein Auto mietet, solltet ihr unbedingt sicherstellen, dass Kindersitze den geltenden Sicherheitsstandards entsprechen und korrekt installiert sind. In Schweden gilt eine gesetzliche Anschnallpflicht, und Kinder bis zu einem bestimmten Alter oder einer bestimmten Größe müssen in speziellen Kindersitzen gesichert werden.

Eine weitere Herausforderung, die vor allem bei Reisen in den Wintermonaten auf euch zukommen kann, ist das raue Wetter. In den nördlichen Regionen Schwedens können die Temperaturen im Winter extrem niedrig sein, und Schnee sowie Eis können Straßen und Wege rutschig machen. Es ist daher wichtig, auf winterliche Bedingungen vorbereitet zu sein. Dazu gehört auch, dass ihr euch und eure Kinder warm genug kleidet und auf wetterfeste Ausrüstung achtet.

Gute Winterstiefel, Mützen, Handschuhe und Schals sind unverzichtbar, um euch vor der Kälte zu schützen. Wenn ihr plant, in abgelegene oder verschneite Gebiete zu reisen, informiert euch vorab über die Wetterbedingungen und die Zugänglichkeit der Straßen. Es kann auch ratsam sein, Schneeketten und ein Abschleppseil im Auto mitzuführen.

Eine besondere Herausforderung kann auch das lange Tageslicht im Sommer oder die Dunkelheit im Winter darstellen, insbesondere für kleine Kinder, die an einen regelmäßigen Schlafrhythmus gewöhnt sind. Während der Sommermonate geht die Sonne in Teilen Schwedens kaum unter, was zu Schlafproblemen führen kann. Es kann hilfreich sein, Verdunkelungsrollos oder Schlafmasken mitzubringen, um für ausreichend Dunkelheit zu sorgen. Im Winter hingegen kann die ständige Dunkelheit in den nördlichen Regionen des Landes eine Herausforderung darstellen. Es ist wichtig, auf ausreichende Lichtquellen zu achten und eventuell Vitamin-D-Präparate in Betracht zu ziehen, um dem Mangel an Sonnenlicht entgegenzuwirken.

Ein weiterer Aspekt, der besonders für Familien mit kleinen Kindern von Bedeutung ist, ist die Hygiene auf Reisen. Schweden ist ein sehr sauberes Land, und die meisten öffentlichen Toiletten sind in gutem Zustand. Dennoch solltet ihr immer feuchte Tücher oder Desinfektionsmittel dabeihaben, um die Hände zwischendurch reinigen zu können. Auch wenn ihr in der Natur unterwegs seid, kann es sinnvoll sein, Mülltüten mitzunehmen, um euren Abfall wieder mit nach Hause zu nehmen und die Natur so sauber zu hinterlassen, wie ihr sie vorgefunden habt.

Kommunikation und sprachliche Herausforderungen

Kommunikation und sprachliche Herausforderungen können auf einer Reise in ein fremdes Land, insbesondere wenn ihr mit Kindern unterwegs seid, eine wichtige Rolle spielen. Schweden ist zwar ein Land, in dem die meisten Menschen hervorragend Englisch sprechen, dennoch kann es hilfreich sein, sich ein wenig mit der schwedischen Sprache vertraut zu machen, um das Reiseerlebnis zu bereichern und mögliche Missverständnisse zu vermeiden. Schwedisch ist die Amtssprache in Schweden, und auch wenn ihr ohne Schwedischkenntnisse gut durch das Land reisen könnt, zeigt es Respekt und Interesse an der Kultur, wenn ihr versucht, einige grundlegende Begriffe zu lernen. Kinder sind oft besonders neugierig und aufgeschlossen gegenüber neuen Sprachen, und es kann für sie ein spannendes Abenteuer sein, einige schwedische Wörter und Sätze zu lernen. Begrüßungen wie „Hej" (Hallo) oder „Tack" (Danke) sind einfache, aber wirkungsvolle Wörter, die den Schweden zeigen, dass ihr euch bemüht, ihre Sprache zu sprechen. Dies wird oft mit einem Lächeln und einer freundlichen Reaktion belohnt.

Wenn ihr euch in ländlicheren Gegenden Schwedens aufhaltet, kann es vorkommen, dass weniger Menschen fließend Englisch sprechen, vor allem ältere Generationen. In solchen Fällen kann es hilfreich sein, eine kleine Sprachapp oder ein Reisewörterbuch zur Hand zu haben, um wichtige Begriffe nachzuschlagen. Auch Gesten und Körpersprache sind wertvolle Hilfsmittel, die in der Kommunikation eine große Rolle spielen. Kinder haben oft ein intuitives Verständnis für nonverbale Kommunikation und können auf ihre Weise dazu beitragen, eventuelle Sprachbarrieren zu überwinden.

Eine Herausforderung, die besonders für Kinder auftreten kann, ist die unterschiedliche Aussprache und die fremden Laute der schwedischen Sprache. Schwedisch hat einige Laute, die im Deutschen nicht vorkommen, wie das „sj“ oder „tj“, die für nicht-Muttersprachler schwer auszusprechen sind. Es kann eine unterhaltsame Herausforderung sein, diese Laute zu üben und sich spielerisch an die neue Sprache heranzutasten. Auch die Melodie der schwedischen Sprache, die durch die Intonation oft sehr „singend“ wirkt, kann für Kinder interessant sein und sie dazu anregen, die Sprache nachzuahmen.

Ein weiterer Aspekt der sprachlichen Herausforderung ist das Verständnis der schwedischen Kultur und der damit verbundenen Kommunikationsweisen. Schweden sind bekannt für ihre Zurückhaltung und Höflichkeit. Sie neigen dazu, in Gesprächen Pausen zu lassen, um dem Gegenüber Zeit zum Nachdenken zu geben. Diese Pausen können für diejenigen, die nicht daran gewöhnt sind, zunächst ungewohnt wirken, sind aber ein Zeichen von Respekt und Achtsamkeit. Es kann hilfreich sein, dies im Hinterkopf zu behalten und Gespräche entsprechend anzupassen, vor allem wenn ihr mit Menschen interagiert, die wenig Englisch sprechen.

Kinder können besonders profitieren, wenn sie in die kulturellen und sprachlichen Unterschiede eintauchen. Oft sind sie neugierig und unvoreingenommen, was ihnen hilft, schnell zu lernen und sich anzupassen. Es kann für die ganze Familie eine bereichernde Erfahrung sein, gemeinsam Schwedisch zu lernen und die neue Sprache in alltäglichen Situationen auszuprobieren, sei es beim Einkaufen, im Restaurant oder bei der Begrüßung von Nachbarn oder neuen Freunden. Die Fähigkeit, auch nur ein paar Wörter auf Schwedisch zu sagen, kann Türen öffnen und Begegnungen mit den Einheimischen auf eine persönlichere Ebene bringen.

Ein praktischer Tipp für die Kommunikation in Schweden ist es, einfache und klare Sätze zu verwenden, wenn ihr auf Englisch sprecht. Da die meisten Schweden Englisch auf einem hohen Niveau beherrschen, werdet ihr normalerweise gut verstanden.

Es kann jedoch hilfreich sein, auf umgangssprachliche Ausdrücke oder komplexe Satzstrukturen zu verzichten, um Missverständnisse zu vermeiden.

Besonders in Situationen, in denen es um wichtige Informationen geht, wie etwa beim Arztbesuch, im Supermarkt oder bei der Nutzung öffentlicher Verkehrsmittel, kann eine klare und einfache Kommunikation Missverständnisse vermeiden.

Auch digitale Kommunikationsmittel spielen eine immer wichtigere Rolle, wenn es darum geht, sprachliche Barrieren zu überwinden. Übersetzungs-Apps und Online-Wörterbücher können nützliche Werkzeuge sein, um schnell eine unbekannte Vokabel nachzuschlagen oder einen Satz zu übersetzen. Einige Apps bieten sogar die Möglichkeit, Wörter und Sätze auszusprechen, was besonders hilfreich sein kann, wenn ihr euch mit der korrekten Aussprache schwedischer Begriffe unsicher seid. Diese Hilfsmittel können besonders nützlich sein, wenn ihr in Situationen geratet, in denen eine schnelle und genaue Kommunikation erforderlich ist.

Eine weitere Herausforderung kann die schriftliche Kommunikation sein, insbesondere wenn es darum geht, Verkehrsschilder, Speisekarten oder Informationsbroschüren zu verstehen. Viele dieser Materialien sind zwar auf Englisch verfügbar, jedoch nicht immer. In solchen Fällen kann es nützlich sein, einige grundlegende schwedische Wörter zu kennen oder die Hilfe von Apps zu nutzen, die Texte scannen und übersetzen können. Auch hier gilt: Mit ein wenig Vorbereitung könnt ihr euch gut zurechtfinden und die Hürden der sprachlichen Verständigung erfolgreich meistern.

Für Kinder kann es zudem eine großartige Lerngelegenheit sein, wenn sie erleben, wie ihre Eltern mit sprachlichen Herausforderungen umgehen und Lösungen finden. Dies kann sie ermutigen, selbst aktiv zu werden, Fragen zu stellen und ihre eigenen Kommunikationsfähigkeiten zu entwickeln. Sprachliche Herausforderungen müssen nicht abschreckend sein – sie können vielmehr eine Chance sein, die eigene Komfortzone zu erweitern und neue Fähigkeiten zu erlernen, die auch über die Reise hinaus nützlich sind.

Kostenmanagement und Budgettipps

Ein Urlaub mit der ganzen Familie in Schweden kann ein unvergessliches Erlebnis sein, aber die Kosten können sich schnell summieren. Mit ein wenig Planung und einigen cleveren Strategien könnt ihr jedoch sicherstellen, dass ihr eure Reise genießen könnt, ohne das Budget zu sprengen. Es ist hilfreich, sich schon im Vorfeld Gedanken über die verschiedenen Ausgabenpunkte zu machen und dort, wo es möglich ist, Kosten zu reduzieren, ohne dabei auf den Spaß zu verzichten.

Zunächst solltet ihr einen Überblick über die Gesamtkosten eurer Reise erstellen. Dazu gehört es, die großen Posten wie Anreise, Unterkunft und Verpflegung zu kalkulieren. Flüge oder Zugtickets nach Schweden lassen sich oft günstiger buchen, wenn ihr flexibel seid und außerhalb der Hauptsaison reist. Auch lohnt es sich, nach Sonderangeboten oder Frühbucherrabatten Ausschau zu halten. Einige Fluggesellschaften bieten spezielle Familienpakete an, bei denen Kinder zu vergünstigten Preisen oder sogar kostenlos reisen können.

Wenn es um die Unterbringung geht, gibt es in Schweden viele Möglichkeiten, die sich gut für Familien eignen und gleichzeitig budgetfreundlich sind. Ferienhäuser oder Ferienwohnungen bieten den Vorteil, dass ihr eure Mahlzeiten selbst zubereiten könnt, was nicht nur Geld spart, sondern auch flexibel ist, besonders wenn ihr mit kleinen Kindern reist. Zudem könnt ihr in den warmen Monaten auch Camping in Betracht ziehen, was in Schweden sehr beliebt ist und viele kostengünstige Optionen bietet. Viele Campingplätze haben familienfreundliche Einrichtungen wie Spielplätze und Kinderanimation, die im Preis inbegriffen sind.

Ein weiterer großer Kostenpunkt ist die Verpflegung. In Schweden können Restaurantbesuche schnell teuer werden, besonders in den großen Städten. Eine gute Alternative ist es, lokale Supermärkte zu besuchen und selbst zu kochen. Das schwedische „Allemansrätten", das Jedermannsrecht, ermöglicht es euch, in der Natur zu picknicken und sogar Früchte und Beeren zu sammeln, was nicht nur kostenlos ist, sondern auch ein tolles Erlebnis für die Kinder. Wenn ihr doch einmal auswärts essen möchtet, könnt ihr nach Mittagsmenüs oder Angeboten für Kinder Ausschau halten, die in vielen Restaurants günstiger sind als das Abendessen.

Transportkosten innerhalb Schwedens können ebenfalls ins Gewicht fallen. Eine gute Möglichkeit, diese zu senken, ist die Nutzung öffentlicher Verkehrsmittel, die in Schweden gut ausgebaut und familienfreundlich sind. Besonders in Großstädten wie Stockholm und Göteborg gibt es spezielle Familientickets, mit denen ihr als Familie kostengünstiger unterwegs seid. Für längere Strecken zwischen den Städten könnt ihr überlegt, den Zug zu nehmen, da Kinder oft zu ermäßigten Preisen reisen. Wenn ihr ein Auto mietet, achtet auf Angebote oder Mitgliedschaften, die euch Rabatte verschaffen. Vergesst nicht, die Benzinpreise in euer Budget einzukalkulieren, die in Schweden höher sein können als in anderen europäischen Ländern.

Ein weiterer Punkt, an dem ihr sparen könnt, sind die Eintrittspreise für Sehenswürdigkeiten und Aktivitäten. Viele Museen und Attraktionen bieten Familientickets oder Ermäßigungen für Kinder an. Auch lohnt es sich, nach kostenlosen Angeboten Ausschau zu halten – viele Museen haben beispielsweise an bestimmten Tagen freien Eintritt oder bieten spezielle Programme für Familien an. In Schweden gibt es zudem zahlreiche Naturerlebnisse, die gar nichts kosten. Wandern in einem der vielen Nationalparks, ein Tag am Strand oder ein Besuch eines Spielplatzes sind Aktivitäten, die sowohl Spaß machen als auch das Budget schonen.

Wenn es um Souvenirs und Einkäufe geht, kann es leicht passieren, dass man mehr ausgibt, als geplant. Eine gute Idee ist es, ein festes Budget für Souvenirs festzulegen und die Kinder in die Entscheidung mit einzubeziehen, welche Andenken sie von der Reise mitnehmen möchten. Oft sind es die einfachen Dinge, die am meisten Bedeutung haben – selbst gesammelte Steine, Muscheln oder Fotos von gemeinsamen Erlebnissen sind oft wertvollere Erinnerungen als gekaufte Souvenirs.

Ein weiterer wichtiger Aspekt des Kostenmanagements ist die Absicherung gegen unvorhergesehene Ausgaben. Eine Reiseversicherung, die auch für Familien gilt, kann euch vor finanziellen Belastungen schützen, falls es zu einer Krankheit, einem Unfall oder anderen unvorhergesehenen Ereignissen kommt. Achtet darauf, dass die Versicherung alle notwendigen Leistungen abdeckt, einschließlich Rücktransport und Krankenversorgung im Ausland.

Wenn ihr all diese Faktoren in Betracht zieht, könnt ihr sicherstellen, dass ihr eure Reise nach Schweden mit der Familie genießen könnt, ohne dass die Kosten aus dem Ruder laufen. Mit einer sorgfältigen Planung und einigen kreativen Sparstrategien lässt sich ein fantastischer Urlaub gestalten, der sowohl euren Kindern als auch euch unvergessliche Erlebnisse beschert – und das alles im Rahmen eures Budgets. Schweden bietet eine Vielzahl von Möglichkeiten, die Natur, Kultur und Gastfreundschaft des Landes zu erleben, und mit den richtigen Budgettipps könnt ihr all das genießen, ohne auf Komfort und Spaß verzichten zu müssen.

Die Reise beginnt!

Eure Reise nach Schweden steht kurz bevor, und die Vorfreude wächst mit jedem Tag. Bald werdet ihr die unberührte Natur, die lebendigen Städte und die herzliche Gastfreundschaft dieses einzigartigen Landes mit eigenen Augen erleben. Ihr habt nun eine Fülle an Ideen und Anregungen, die euch auf eurer Reise begleiten und inspirieren werden. Es gibt so viel zu entdecken – von den malerischen Schärengärten und endlosen Wäldern bis hin zu kinderfreundlichen Museen und aufregenden Freizeitparks.

Ihr könnt euch darauf freuen, gemeinsam neue Orte zu erkunden, Abenteuer in der Natur zu erleben und in die schwedische Kultur einzutauchen. Die Vorfreude auf unvergessliche Momente, ob beim Wandern, Kanufahren oder einfach beim gemeinsamen Picknick in der freien Natur, wird euch auf eurem Weg begleiten. Die schwedische Küche wird eure Geschmacksknospen kitzeln, und die gemütlichen Cafés laden dazu ein, bei einer „Fika“ zusammenzusitzen und den Tag Revue passieren zu lassen.

Eure Kinder werden mit großen Augen und offenem Herzen all die neuen Eindrücke aufnehmen – von den mystischen Wäldern, in denen sich vielleicht Elche verstecken, bis hin zu den historischen Schauplätzen, an denen die Geschichte lebendig wird. Es gibt so viel, auf das ihr euch freuen könnt, und Schweden bietet euch eine ideale Kulisse für all diese gemeinsamen Erlebnisse.

Wir wünschen euch viel Spaß auf eurer Reise durch Schweden! Nutzt die Zeit, um unvergessliche Erinnerungen zu schaffen, und lasst euch von der Schönheit und Vielfalt dieses Landes verzaubern. Möge jede Etappe eurer Reise euch bereichern und euch noch enger als Familie zusammenschweißen. Viel Freude auf eurem Abenteuer in Schweden!

Reisetag 1

Stimmung

Datum ____ / ____ / ____

Das habe ich heute erlebt

Highlights des Tages

01
02
03
04
05
06
07

Dankbarkeits-Liste

Das habe ich heute gelernt

Ziele für morgen

Reisetag 2

DATUM:

DAS HABE ICH HEUTE ERLEBT

NOTIZEN

HIGHLIGHTS DES TAGES

DAFÜR BIN ICH HEUTE DANKBAR

DAS WILL ICH MORGEN MACHEN

Fotos, Tickets & Erinnerungsstücke

Reisetag 3

Datum:

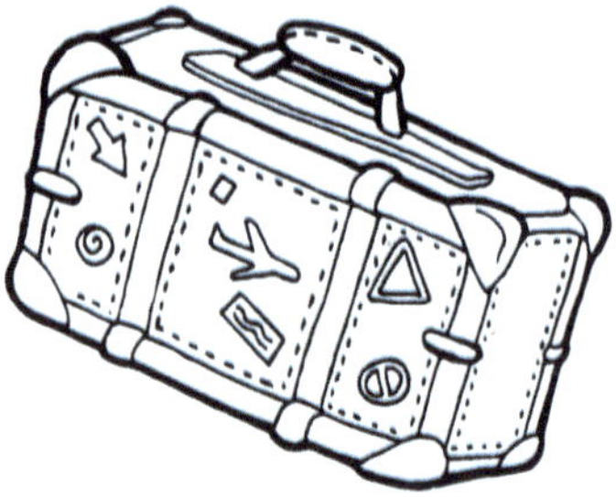

Highlights des Tages:

Dafür bin ich dankbar:

Notizen:

Das möchte ich morgen machen:

Fotos, Tickets & Erinnerungsstücke

Reiseltag 4

DATUM:

Stimmung

Das habe ich heute erlebt:

Dafür bin ich heute dankbar:

Highlights des Tages:

Das will ich morgen machen:

Notizen

Besondere Erlebnisse und
Erkenntnisse während der Reise

Reisetag 5

Stimmung

Datum ____ / ____ / ____

Das habe ich heute erlebt

Highlights des Tages

01
02
03
04
05
06
07

Dankbarkeits-Liste

Das habe ich heute gelernt

Ziele für morgen

Reisetag 6

DATUM:

DAS HABE ICH HEUTE ERLEBT

NOTIZEN

HIGHLIGHTS DES TAGES

DAFÜR BIN ICH HEUTE DANKBAR

DAS WILL ICH MORGEN MACHEN

Fotos, Tickets & Erinnerungsstücke

Reisetag 7

Datum:

Highlights des Tages:

Dafür bin ich dankbar:

Notizen:

Das möchte ich morgen machen:

Reisetag 8

DATUM:

Stimmung

Das habe ich heute erlebt:

Dafür bin ich heute dankbar:

Highlights des Tages:

Das will ich morgen machen:

Notizen

Besondere Erlebnisse und
Erkenntnisse während der Reise

Reisetag 9

Stimmung

Datum ____ / ____ / ____

Das habe ich heute erlebt

Highlights des Tages

01
02
03
04
05
06
07

Dankbarkeits-Liste

Das habe ich heute gelernt

Ziele für morgen

Reiseetag 10

DATUM:

DAS HABE ICH HEUTE ERLEBT

NOTIZEN

HIGHLIGHTS DES TAGES

DAFÜR BIN ICH HEUTE DANKBAR

DAS WILL ICH MORGEN MACHEN

Fotos, Tickets & Erinnerungsstücke

Reisetag 11

Datum:

Highlights des Tages:

Dafür bin ich dankbar:

Notizen:

Das möchte ich morgen machen:

Reiselag 12

DATUM:

Stimmung

Das habe ich heute erlebt:

Dafür bin ich heute dankbar:

Highlights des Tages:

Das will ich morgen machen:

Notizen

Besondere Erlebnisse und
Erkenntnisse während der Reise

Reisetag 13

Stimmung Datum ____ / ____ / ____

Das habe ich heute erlebt

Highlights des Tages

01
02
03
04
05
06
07

Dankbarkeits-Liste

Das habe ich heute gelernt

Ziele für morgen

Reisetag 14

DATUM:

DAS HABE ICH HEUTE ERLEBT

NOTIZEN

HIGHLIGHTS DES TAGES

DAFÜR BIN ICH HEUTE DANKBAR

DAS WILL ICH MORGEN MACHEN

Fotos, Tickets & Erinnerungsstücke

ENJOY THE TRIP

Fazit der Reise

Daran werde ich mich immer erinnern

Highlights der Reise

01
02
03
04
05
06
07

Dafür bin ich dankbar

Das möchte ich beim nächsten Mal noch machen

Über die Autorin

Julia Bräunig ist freie Autorin und Coach. Sie lebt aktuell mit ihren Kindern und ihrem Partner in Hamburg. Am liebsten schreibt sie über kreative Berufe & Selbstständigkeit, Onlinebusiness, digitale Nomaden & Auswandern, sowie Reisetipps für Paare und Familien. Durch ihre eigene Auswanderung nach England vor einigen Jahren, viele Reisen rund um den Globus und ihre Arbeit als Coach mit digitalen Nomaden, Kreativen und Onlinebusiness-Inhaberinnen aus aller Welt bekommt sie viele Erfahrungen und Informationen aus erster Hand.

Weitere Bücher findest du unter www.shero-verlag.de und Julias Coaching-Angebote und Kurse unter www.businessheldinnen.com.

Impressum

SHERO Verlag, Julia Bräunig, Schönningstedter Straße 29a, 21465 Reinbek

E-Mail: info@shero-verlag.de
Website: https://www.shero-verlag.de

Datum der Erstveröffentlichung: 30.08.2024
Texte, Lektorat & Gestaltung: Julia Bräunig

HAFTUNGSAUSSCHLUSS
Das Werk inklusive aller Inhalte wurde unter größter Sorgfalt erarbeitet. Die Herausgeberin und Autorin übernimmt jedoch keine Gewähr für die Aktualität, Korrektheit, Vollständigkeit und Qualität der bereitgestellten Informationen. Druckfehler und Falschinformationen können nicht vollständig ausgeschlossen werden. Es kann keine juristische Verantwortung sowie Haftung in irgendeiner Form für fehlerhafte Angaben und daraus entstandenen Folgen von der Herausgeberin und Autorin übernommen werden. Für die Inhalte von den in diesem Buch abgedruckten Internetseiten sind ausschließlich die Betreiber der jeweiligen Internetseiten verantwortlich. Für die im Buch abgedruckten Internetseiten sind ausschließlich die Betreiber der jeweiligen Internetseiten verantwortlich.

Printed in Poland
by Amazon Fulfillment
Poland Sp. z o.o., Wrocław

50799594R00085